Nadine Taylor

Pfalz und Pfälzerwald

AF639219

50 MIKROABENTEUER

ZUM ENTDECKEN UND GENIESSEN

360° medien

IMPRESSUM

Pfalz und Pfälzerwald

50 MIKROABENTEUER ZUM ENTDECKEN UND GENIESSEN

Nadine Taylor

© 3. Auflage 2023 360° medien

Nachtigallenweg 1 | 40822 Mettmann
www.360grad-medien.de

Das Werk ist in allen seinen Teilen urheberrechtlich geschützt. Jede Verwertung außerhalb der engen Grenzen des Urheberrechtsgesetzes ist ohne Zustimmung des Verlags unzulässig. Dies gilt insbesondere für Vervielfältigungen, Übersetzungen, Mikroverfilmungen und die Einspeicherung sowie Verarbeitung in elektronischen Systemen.

Der Inhalt des Werkes wurde sorgfältig recherchiert, ist jedoch teilweise der Subjektivität unterworfen und bleibt ohne Gewähr für Richtigkeit, Vollständigkeit und Aktualität.

Redaktion und Lektorat: 360° medien

Satz und Layout: Lucas Walter

Gedruckt und gebunden:
Himmer GmbH Druckerei & Verlag | Steinerne Furt 95 | 86167 Augsburg
www.himmer.de

Bildnachweis: siehe Seite 264

ISBN: 978-3-96855-382-5
Hergestellt in Deutschland

www.360grad-medien.de

Nadine Taylor

Pfalz und Pfälzerwald

50 MIKROABENTEUER

ZUM ENTDECKEN UND GENIESSEN

360° medien

Vorwort

Endlose Wanderwege, urige Hütten zur Einkehr, bizarre Felslandschaften und geschichtsträchtige Burgruinen wechseln sich ab mit malerischen Winzerdörfern, den sanften Rebhügeln an der Deutschen Weinstraße bis hin zur Kaiserstadt Speyer und dem Rhein. Willkommen in der Pfalz und dem Pfälzerwald!

Wer gerne mittelalterliche Burgen besucht, in romantischen Winzerdörfen rauschende Weinfeste feiert und großen Wert auf edle Tropfen und gute Küche legt, ist hier genau richtig.

Bei so viel Naturschönheit gepaart mit einzigartiger Kultur und dem gutbürgerlichen Schlemmerparadies ist es nicht verwunderlich, dass es immer mehr Touristen und Besucher in diesen südlichen Teil Deutschlands zieht. Doch nur wer sich wirklich auskennt, findet auch Sehenswürdigkeiten abseits der ausgetretenen Pfade oder gar neue Blickwinkel auf Altbekanntes. So wissen selbst einige der alteingesessenen Einheimischen nicht, dass ein Lavendelfeld in Asselheim bei Sonnenuntergang in die Provence entführt, dass eine Nachtwanderung auf den Luitpoldturm für einen einzigartige Sternenhimmel sorgt (ein wolkenloser Nachthimmel vorausgesetzt) oder dass im Dahner Felsenland Esel als Wanderbegleitung ausgeliehen werden können.

Die Pfalz und der Pfälzerwald sind so vielfältig, dass es auch für Einheimische immer wieder Neues zu entdecken gibt. Wer noch nie hier war und neben den Pfälzer Berühmtheiten auch noch spannende Reisegeschichten mit nach Hause bringen möchte, der ist mit diesem Buch ebenfalls gut beraten. Zwar ist nicht jedes der 50 Mikroabenteuer so spektakulär, wie die weit über die Landesgrenzen hinaus bekannten Sehenswürdigkeiten, doch jeder Ausflug ist definitiv eine Reise wert.

Ich möchte Ihnen mit diesem Buch die schönsten Orte der Pfalz vorstellen. Neben Altbekanntem wie der berühmten Burg Trifels, dem sagenumwobenen Teufelstisch oder dem Donnersberg gibt es hier neue Abenteuer, die teilweise gerade erst entstanden sind und somit noch als brandaktueller Geheimtipp gehandelt werden. Empfehlungen für Wanderrouten, Ausflüge und Burgbesichtigungen finden hier ebenso ihren Platz wie Fotospots und gemütliche Picknickplätze. Vorschläge für Restaurants und Hotels ganz in der Nähe der jeweiligen Mikroabenteuer sorgen für eine entspannte Reiseplanung.

Egal ob ein Tagesausflug, ein Wochenendtrip oder ein ganzer Sommerurlaub: Für jeden Geschmack ist das Richtige dabei. Für Sie heißt es jetzt nur noch: Wanderschuhe schnüren, Rucksack packen und Sonnencreme einpacken, denn mit 1800 Sonnenstunden pro Jahr erwischen Sie ganz sicher ein paar wundervoll sonnige Tage in der Pfalz.

Ich wünsche viel Spaß beim Lesen und Planen und denken Sie daran: Der nächste Urlaub kommt ganz bestimmt.

Nadine Taylor

Inhaltsverzeichnis

Aus Gründen der besseren Lesbarkeit wird auf eine geschlechtsneutrale Differenzierung verzichtet. Entsprechende Begriffe gelten im Sinne der Gleichbehandlung grundsätzlich für alle Geschlechter. Die verkürzte Sprachform beinhaltet keine Wertung.

Willkommen in der Pfalz

Die Pfalz – das sind Weinschorle, Walddüfte und endlos weite Wanderwege gepaart mit unbeschwerter Lebensfreude, Pfälzer Gastfreundschaft und dem sonnigen, südländischen Klima. Es gibt vieles zu entdecken in der „Toskana Deutschlands", die sich ganz im Süden von Rheinland-Pfalz an der Grenze zu Frankreich und dem Elsass finden lässt.

Mitten im Herzen der Pfalz erstreckt sich auf 180.000 Hektar Fläche der Pfälzerwald, das größte zusammenhängende Waldgebiet Deutschlands. Ein Wanderparadies für Naturfreunde, denn hier befinden sich sagenhafte 12.000 Kilometer markierte Wanderwege, die keine Wünsche offenlassen. Ruhe und Entschleunigung auf einsamen Wegen wechseln sich ab mit unzähligen urigen Pfälzerwald-Hütten mit regionalen Spezialitäten, aussichtsreichen Burgruinen und Schlössern, die in die Zeit der Ritter entführen, bizarren Felslandschaften sowie leuchtenden Sandsteinfelsen, die immer wieder für Staunen sorgen. Ganz im Süden des Pfälzerwaldes liegt das berühmte Dahner Felsenland. Hier wurde einst auf der Reichsburg Trifels regiert und über das Schicksal des Landes entschieden, während nicht weit entfernt der Teufel höchstpersönlich das heutige Wahrzeichen – den Teufelstisch – erbaute. Heute sind beide Sehenswürdigkeiten spektakuläre Aussichtspunkte und verlieren auch nach mehreren Besuchen nie ihren ganz besonderen Reiz.

Dörfer, umgeben von Grün

Die unendlichen Weiten der Pfalz

Zwischen dem Rhein, der die östliche Grenze der Pfalz in Richtung Hessen und Baden bildet und mit der Domstadt Speyer ein kulturelles Highlight bietet, der Rheinebene und dem Dahner Felsenland verläuft die 85 Kilometer lange Deutsche Weinstraße. Ihren Anfang findet sie ganz im Süden an der deutsch-französischen Grenze in Schweigen-Rechtenbach mit dem Deutschen Weintor und endet in Bockenheim am Haus der Deutschen Weinstraße. Durch den Wechsel zwischen der flachen Rheinebene und dem Gebirge des Pfälzerwaldes ist eine Hügellandschaft entstanden, die heute den größten Anteil der Pfälzer Weinberge beheimatet. Mit einer Rebfläche von 24.000 Hektar ist die Pfalz neben dem benachbarten Rheinhessen das größte Weinbaugebiet Deutschlands. Durch das mediterrane Klima und 1800 Sonnenstunden pro Jahr gedeihen hier nicht nur Riesling, Burgunder und Co. ganz vorzüglich, sondern auch Feigen- und Mandelbäume. Besonders im Frühling, wenn die rosa Blüten um die Wette blühen und ihren süßlichen Duft verströmen, ist ein Spaziergang entlang der Weinstraße und des Pfälzer Mandelpfades ein Erlebnis. Aber auch zu allen anderen Jahreszeiten laden die idyllischen Winzerdörfer mit ihren alten Fachwerkhäusern und die urigen Weinstuben sowie die vielen geselligen Weinfeste, die das ganze Jahr über stattfinden, zu einem Besuch ein.

Ganz im Norden liegt als kleinster und wenig bevölkerter Landesteil der Pfalz die Nordpfalz, die fast gänzlich aus dem Nordpfälzer Bergland besteht und an den Hunsrück grenzt. Mit seinen 686 Metern ist der Donnersberg hier die höchste Erhebung und gleichzeitig der höchste Berg der Pfalz. Neben berühmten Burgen wie der Ruine Nanstein wartet eine Fülle an spannenden Urlaubsaktivitäten wie interessante Museen, alte Bergbaustollen und Bergwerke zum Erkunden, Hinterlassenschaften aus der Zeit der Kelten und einer Draisinen-Strecke an der Glan.

Bad Dürkheim

Auch die Westpfalz, die an das Saarland angrenzt, hat einiges zu bieten. Unter anderem gibt es hier die größte Heide Süddeutschlands, die Mehlinger Heide, die mit ihrem lila blühenden Heidekraut einen für die Pfalz ganz untypischen Anblick bietet. Generell wirkt ein Besuch im Westen der Pfalz wie eine kleine Weltreise. So ist es möglich an einem Tag die Mammutbäume bei Landstuhl zu besichtigen und sich wie in Kalifornien zu fühlen, dem Japanischen Garten in Kaiserslautern mit seinem Original-Teehaus einen Besuch abzustatten und bei einer Wanderung durch die malerische Hexenklamm echtes Urwald-Feeling zu spüren. Die Pfalz hat hier viele Gesichter und jedes sorgt für eine neue Überraschung.

Offiziell ist die Pfalz in vier verschiedene Regionen untergliedert, dennoch sind die Grenzen oft sehr fließend. So gibt es die West-

und Nordpfalz und die etwas dichter besiedelte Süd- und Vorderpfalz. Während zur Südpfalz ein Teil der Südlichen Weinstraße und das Dahner Felsenland gehören, teilen sich auch die Westpfalz und die Nordpfalz einige Abschnitte und selbst die Südpfalz findet keine genaue Abgrenzung zum Westen hin. Ganz im Süden befindet sich außerdem die Mittelgebirgslandschaft Wasgau, die sich aus einem Teil des Pfälzerwaldes und den französischen Vogesen zusammensetzt. Die Vorderpfalz dagegen ist ein nordöstlicher Teilabschnitt, der sich mit der Rheinebene und der Deutschen Weinstraße vermischt.

Jede Region ist auf ihre Weise einzigartig und doch machen sie alle gemeinsam die Pfalz zu dem, was sie ist: einem Paradies für Wander- und Weinfreunde, für Radfahrer, Wellness-Freunde und Gourmet-Liebhaber. Abwechslungsreiche Landschaften, die köstliche Pfälzer Küche, unvergleichliche Weine, zahlreiche Burgen und sehenswerte Städte und Dörfer wie Bad Dürkheim, Kaiserslautern und Landau – es gibt so viel zu sehen im Land der leuchtenden Reben, duftenden Kiefernwälder und blühenden Mandelbäume.

Rosarotes Farbenmeer

Top 10

DER SEHENSWÜRDIGKEITEN IM PFÄLZERWALD

1 **Burg Trifels:** Ohne die berühmte Burg Trifels wäre die Pfalz nicht die Pfalz. Sie gilt als eine der wichtigsten Burgen der Stauferzeit. Im 12. Jahrhundert bewahrten die Kaiser hier die Reichskleinodien, also die Krone, das Zepter und den Reichsapfel auf, da die Burg als einer der sichersten Orte im Pfälzerwald galt. Während sich die Originale heute im Kunsthistorischen Museum in Wien befinden, können auf Burg Trifels noch Nachbildungen besichtigt werden.

Von 1193 bis 1194 war Englands König Richard Löwenherz auf der Burg inhaftiert. Bei einer spannenden Führung kann nicht nur alles über die spektakuläre Gefangenschaft erfahren werden, sondern auch alle Hintergrundinformationen zum Aufstieg der Burg, der Hochphase und ihrem Niedergang sowie dem Wiederaufbau; *burgenlandschaft-pfalz.de/de/reichsburg-trifels*

2 **Altschlossfelsen bei Eppenbrunn:** Die Altschlossfelsen bei Eppenbrunn sind nicht nur die größte Felsengruppe der Pfalz, sondern auch die spektakulärsten Felsen. Besonders eindrucksvoll ist das tiefrote Felsenglühen während der auf- oder untergehenden Sonne. Da muss man dann direkt zwei Mal hinschauen, um festzustellen, dass man noch in der Pfalz und nicht in einem Canyon in den USA ist. Um die teilweise 30 Meter hohen und 1,5 Kilometer langen Felswände ganz zu erkunden, besteht die Möglichkeit auf einfachen Wegen um die Altschlossfelsen herumzuwandern. Kamera nicht vergessen! *schöne-aussicht.de/altschlosspfad*

3 **Die Geiersteine bei Lug:** Die Wanderung zu den Geiersteinen bei Lug ist zwar kurz, aber nicht minder abwechslungsreich. Reizvolle Ausblicke bis zur Burg Trifels und über den Pfälzerwald wechseln sich mit wunderschönen Felsformationen ab. Neben den Geiersteinen warten noch der „Runde Hut" und der „Hornstein" auf eine Besichtigung. Die Wege sind oft breit und gut zu begehen und die ein oder andere Kletterpartie zu den Felsen leicht machbar. Wer am Nachmittag noch zum Wellness möchte oder einen Abstecher in ein Pfälzer Weingut geplant hat, der ist mit dieser Halbtagestour bestens beraten; *pfalz.de/de/route/geiersteine-tour*

4

Pfälzer Mandelpfad: Wenn im Frühjahr die Mandelbäume an der Deutschen Weinstraße blühen und alles in ein rosa Blütenmeer verwandeln, ist der Pfälzer Mandelpfad ein absoluter Höhepunkt. Nichts ist schöner, als unter einem rosa Blütendach, dem Summen Tausender Bienen und dem köstlich süßlichen Duft entlang zu spazieren oder eine gemütliche Fahrradtour zu unternehmen. Besonders schön: Während der Mandelwochen leuchten alle historisch wichtigen Bauwerke in der Nacht rosa – ein Traum! *mandelbluete-pfalz.de*

5

Burg Gräfenstein: Die Burgruine Gräfenstein ist vor allem deshalb ein Highlight, weil hier die hohe Chance besteht, zu bestimmten Zeiten vollkommen allein zu sein. Zwar ist die sehr gut erhaltene Ruine durch den nahe gelegenen Parkplatz in kurzer Zeit zu erreichen, dennoch halten sich hier besonders unter der Woche Besucherströme in Grenzen. Und wer wollte nicht schon immer einmal auf einer riesigen Wehranlage der Burgherr oder die Burgherrin sein? Nicht verpassen: Über den stockfinsteren Bergfried (Taschenlampe nicht vergessen) geht es bis auf die kleine Aussichtsplattform. Hier kann man sein Königreich bestens überblicken; *wanderparadies-wasgau.de/graefenstein.php*

6 **Mehlinger Heide:** Die größte zusammenhängende Heidelandschaft Süddeutschlands findet sich bei Mehlingen. Besonders zur Blütezeit im Spätsommer, wenn das Heidekraut die Landschaft in ein lila Blütenmeer verwandelt und der rote Sand in der Abendsonne leuchtet, ist die Mehlinger Heide geradezu magisch. Auf zahlreichen Spazierwegen kann hier ganzjährig die Ruhe vor dem Alltagsstress genossen werden. Immer wieder laden gemütliche Sitzgelegenheiten zum Verweilen ein; *mehlinger-heide.de*

7 **Karlstalschlucht:** Ein uralter Baumbestand, gluckernde Wasserfälle, die über bemooste Steine hüpfen, rote Buntsandsteinfelsen und mitten in der Schlucht ein uriger Holzpavillon: Die Karlstalschlucht nahe Trippstadt ist wildromantisch und eines der schönsten Wanderziele und Fotomotive in der Pfalz. Um den mitunter zahlreichen Besuchern zu entgehen, lohnt sich vor allem ein Besuch am frühen Morgen. Dann fallen erste zarte Sonnenstrahlen durch das dichte Blätterdach und sorgen für eine zauberhafte Atmosphäre.

8 **Berg Drachenfels:** Der Legende nach hat genau hier oben auf dem Drachenfels der Kampf zwischen Siegfried und dem Drachen aus der Nibelungensage stattgefunden. Oben warten zwei flache Aussichtsplattformen (Westfels und Südfels), und wer den versteckten Weg über die Sandstufen hinunter zur Drachenkammer und Drachenhöhle findet, der kann auf den Spuren von Siegfried wandeln. Doch nicht nur die Sage sorgt für Gänsehaut, auch der Panorama-Ausblick ist einen Besuch wert. Im Sommer, wenn sich die Steine durch die Sonne aufgeheizt haben, ist hier der ideale Picknickplatz; *wanderparadies-wasgau.de/drachenfels.php*

9 **Römerschiff Lusoria Rhenana:** Auf dem Altrhein bei Neupotz schwimmt seit 2012 ein fünf Tonnen schweres Eichenschiff – die Lusoria Rhenana, eine originalgetreue Rekonstruktion eines römischen Kriegsschiffs aus der Spätantike. Wer schon immer einmal auf den Spuren der Römer wandeln wollte, der hat hier die Möglichkeit. Es gibt öffentliche Fahrten für Einzelpersonen und Gruppen ab 16 Personen können das Schiff allein rudern. Ehrenamtliche Mitglieder erzählen während der Fahrten alles über Rudertechnik, Historie und Schiffsbau und sorgen dafür, dass niemand untergeht; *lusoriarhenana.de*

10 **Donnersberg:** Wer auf dem 687 Meter hohen Donnersberg steht, der hat den höchsten Punkt der Pfalz erreicht. Am Adlerbogen hat man bereits etwas unterhalb des Gipfels eine phänomenale Aussicht, noch besser wird es vom nahe gelegenen Ludwigsturm. Wer hier eine Wanderung unternimmt, stößt unweigerlich auf zahlreiche Spuren der Kelten, die um 200 v. Chr. auf dem Donnersberg lebten. Für ganz Sportliche bietet sich der Pfälzer Höhenweg an, auf 112 Kilometern geht es über den Donnersberg und noch weitere Hügel im Pfälzer Bergland.

Kurioses und Besonderheiten

IN DER PFALZ

✓ Der frühere Bundeskanzler Helmuth Kohl hat ihn weltweit bekanntgemacht: den Pfälzer Saumagen. Was für Ortsfremde erst einmal nicht so schmackhaft klingt, ist in der Pfalz fast schon ein Nationalgericht. Doch das typische Fleischgericht ist weitaus besser, als es sich anhört. Ein Gemisch aus magerem Schweinefleisch, Bratwurstbrät, Kartoffeln und Zwiebeln wird gut gewürzt in einen sauberen Schweinemagen gefüllt und dann gegart. Der eigentliche Saumagen wird am Ende nicht mitgegessen, sondern nur die leckere Füllung.

Die Pfälzer Küche besteht zu einem Großteil aus sehr deftigen Gerichten. Doch die traditionellen Rezepte wurden oftmals in Notzeiten kreiert und sollten nach schwerer Arbeit im Wald, in den Weinbergen und der Landwirtschaft schnell sättigen und natürlich schmecken. Dabei wurde meist auf regionale Zutaten zurückgegriffen. Diese Tradition hat sich bis heute erhalten.

Das große saisonale Herbstgericht und ein Ereignis sind die sogenannten „Keschde", Maronen und Esskastanien. Sie werden in Hülle und Fülle im Herbst am Straßenrand verkauft, oder man kann sich selbst auf den Weg machen und die „Keschde" einsammeln. Als Beilage zu Fleischgerichten wie Enten- oder Hasenbraten sind sie ein typisches Sonntagsessen. Zu Ehren der Kastanie wurde sogar ein ganzer Wanderweg nach ihnen benannt: Der Keschdeweg zwischen Hauenstein und Neustadt an der Weinstraße.

Wer zur Weinlese in der Pfalz ist, sollte sich definitiv Zwiebelkuchen und neuen Wein, den Federweißer, nicht entgehen lassen. Dieses Duo gibt es ab dem Spätsommer in vielen Weinstuben und Straußwirtschaften. Doch Vorsicht beim Federweißer: Der junge, noch nicht ganz durchgegorene Wein mit Kohlensäure wird in den Weinflaschen nicht verschlossen, da er noch gärt. Die Weinflasche

also unbedingt gerade halten (Ich spreche da aus unschöner Erfahrung und von wochenlang übel riechenden Rücksitzen im Auto).

✓ Die vorherrschende Traubensorte in der Pfalz ist der Riesling. Doch auch Weiß- und Grauburgunder und Müller-Thurgau gibt es in rauen Mengen. 40 Prozent der Rebflächen sind inzwischen mit Rotweinreben der Sorten Dornfelder, Blauer Portugieser sowie Regent bepflanzt.

✓ Die Pfälzer Küche ist regional unterschiedlich aufgrund der verschiedenen klimatischen Bedingungen. Während man in Grenznähe den Einfluss der französischen Küche deutlich spürt, werden im Westen und Norden weniger Gemüse und Obst angebaut als in den idyllischen Hügellandschaften der Deutschen Weinstraße. Während es hier aufgrund des mediterranen Klimas sogar Zitronen, Kiwis, Feigen, Melonen und natürlich Mandeln gibt, stammen viele traditionelle und sehr kartoffelige Mehlspeisen wie Knepp, Hooriche und Ausgschebbde aus dem Norden und Westen.

„Knepp" sind gebratene Kartoffelnocken, ähnlich wie Gnocchi, zu denen oft Apfelmus gegessen wird. „Hooriche" dagegen sind kleine Kartoffelklöße aus rohen geriebenen Kartoffeln und „Ausgschebbde" sind ebenfalls eine Art Kartoffelnocken, die mit einer süßen oder deftigen Beilage gegessen werden.

Wer es süß mag, der sollte unbedingt eine Pfälzer Dampfnudel probieren. Innen süß und außen mit salziger Kruste ist sie ein Hauptgericht, das mit eingekochten Birnen oder Zwetschgen vorzüglich schmeckt. Und wer beim deftigen Essen bleiben will, isst die Dampfnudel ganz einfach als Beilage zur Kartoffelsuppe.

SCHWEDEN
DÄNEMARK
Ostsee
Nordsee
Kiel
SCHLESWIG
HOLSTEIN
MECKLENBURG
VORPOMMERN
HAMBURG
Schwerin
BREMEN
BRANDENBURG
POLEN
NIEDERSACHSEN
Berlin
Hannover
Potsdam
Magdeburg
NORDRHEIN-
WESTFALEN
SACHSEN-
ANHALT
Düsseldorf
SACHSEN
Dresden
Erfurt
THÜRINGEN
HESSEN
Wiesbaden
Mainz
TSCHECHIEN
RHEINLAND-
PFALZ
BAYERN
Stuttgart
FRANKREICH
BADEN-
WÜRTTEMBERG
München
ÖSTERREICH
SCHWEIZ

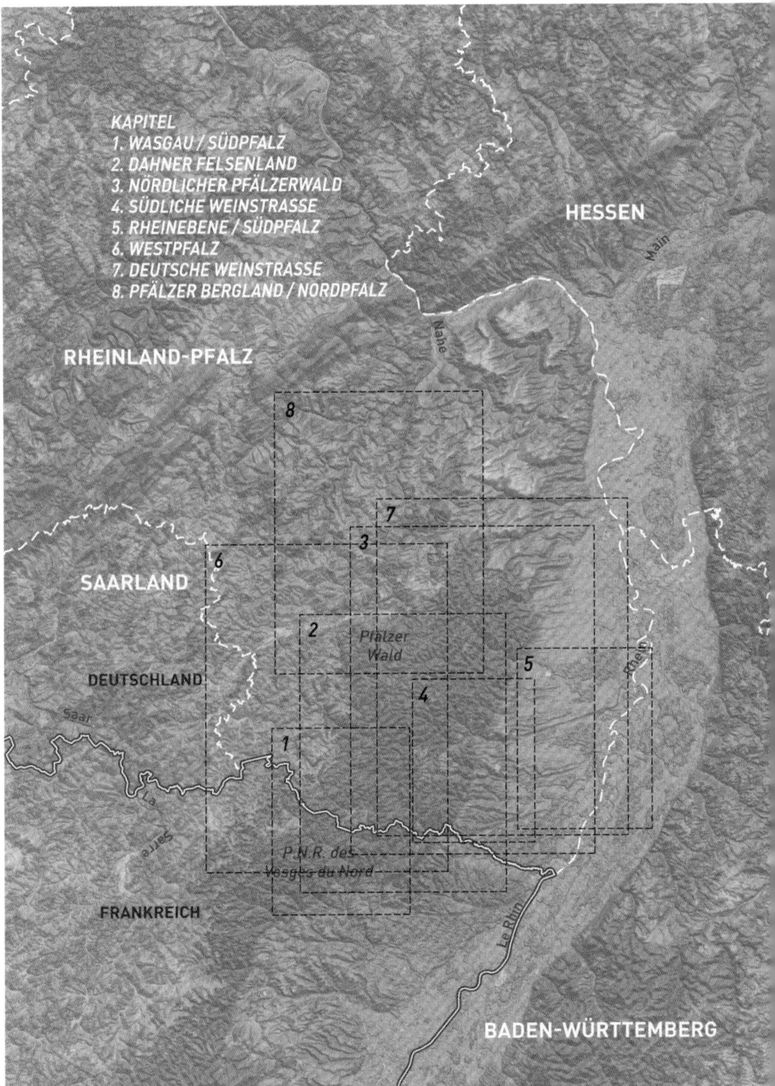
KAPITEL
1. WASGAU / SÜDPFALZ
2. DAHNER FELSENLAND
3. NÖRDLICHER PFÄLZERWALD
4. SÜDLICHE WEINSTRASSE
5. RHEINEBENE / SÜDPFALZ
6. WESTPFALZ
7. DEUTSCHE WEINSTRASSE
8. PFÄLZER BERGLAND / NORDPFALZ
HESSEN
Main
Nahe
RHEINLAND-PFALZ
8
7
3
6
SAARLAND
2
Pfälzer
Wald
5
Rhein
DEUTSCHLAND
4
Saar
1
La
Sarre
P.N.R. des
Vosges du Nord
FRANKREICH
Le Rhin
BADEN-WÜRTTEMBERG

Buntsandsteinfelsen in ihrer ganzen Pracht

Wasgau / Südpfalz

1. Altschlossfelsen: der Grand Canyon mitten in der Pfalz
2. Mit dem Esel durch den Pfälzerwald: ein tierisches Wandererlebnis
3. Biosphärenhaus Pfälzerwald und Baumwipfelpfad: eine Erlebniswelt für die ganze Familie
4. Burgruine Wegelnburg: die höchstgelegene Burg der Pfalz
5. Eisenerzgrube Sankt Anna Stollen in Nothweiler: auf den Spuren der Bergleute

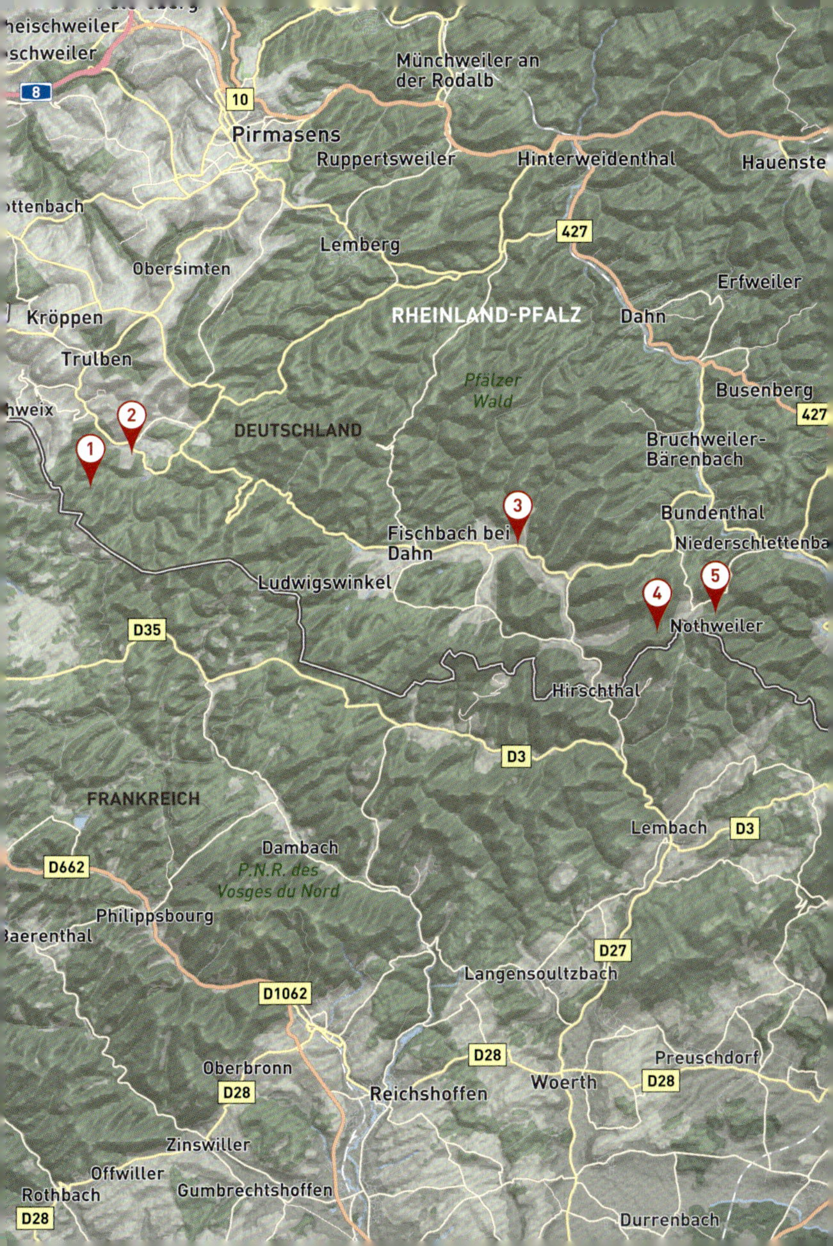

heischweiler
schweiler
8
10
Münchweiler an der Rodalb
Pirmasens
Ruppertsweiler
Hinterweidenthal
Hauenste
ttenbach
427
Lemberg
Obersimten
Erfweiler
Kröppen
RHEINLAND-PFALZ
Dahn
Trulben
Pfälzer Wald
Busenberg
hweix
427
DEUTSCHLAND
Bruchweiler-Bärenbach
Bundenthal
Fischbach bei Dahn
Niederschlettenba
Ludwigswinkel
Nothweiler
D35
Hirschthal
D3
FRANKREICH
Lembach
D3
Dambach
P.N.R. des Vosges du Nord
D662
Philippsbourg
D27
Baerenthal
Langensoultzbach
D1062
D28
Preuschdorf
Oberbronn
Woerth
D28
D28
Reichshoffen
Zinswiller
Offwiller
Rothbach
Gumbrechtshoffen
D28
Durrenbach
1
2
3
4
5

1 Altschlossfelsen

DER GRAND CANYON MITTEN IN DER PFALZ

Eigentlich müsste man der wunderschönen Felsformation mindestens vier Mal pro Jahr einen Besuch abstatten. Denn zu jeder Jahreszeit bieten die Altschlossfelsen ein wahrlich über die Maßen beeindruckendes Bild. Sei es im Herbst, wenn die umliegenden Bäume in allen Farben schimmern, im Winter, wenn der weiße Schnee einen hübschen Kontrast zum roten Buntsandstein bildet, im Frühling, wenn die Sonne zwischen den Türmen hervorscheint und die Szenerie in warmes Licht taucht, oder im Sommer, wenn das grüne Buchenlaub auf die rostroten Felsen trifft: Die Altschlossfelsen sind immer einen Ausflug wert.

Die größte und zugleich eindrucksvollste Felsgruppe aus Buntsandstein sind die Altschlossfelsen bei Eppenbrunn. Wenn die Sonne im Frühjahr untergeht und direkt zwischen den Felstürmen hindurchblitzt, verwandelt sich das Naturdenkmal in ein zauberhaftes Naturschauspiel.

Der bekannte Ausgangspunkt ist der Wanderparkplatz am Spießweiher. Von hier geht es erst entlang des Helmut-Kohl-Wanderwegs durch ein Wiesental und dann hinauf zu den östlichen Altschlossfelsen. Die vier senkrecht in den Himmel ragenden Türme sind mit ihren teilweise 35 Metern Höhe und der 1,5 Kilometern Länge das größte sichtbare Felsenriff der gesamten Pfalz. Bizarre Formen, atemberaubende Felsüberhänge, filigrane Muster und zu jeder Tages- und Jahreszeit wechselnde Lichtspiele und leuchtende

Die Sonne glitzert durch die Altschlossfelsen.

Farben faszinieren Wanderer und Fotografen gleichermaßen. Zwischen den massiven Säulen gibt es einen Durchgang zur Südseite. Ein gewundener Pfad führt an der Felsszenerie entlang. Wer den Weg aufmerksam verfolgt, der entdeckt einen in den Felsen gehauenen Treppenaufgang. Der Name „Altschlossfelsen" stammt nämlich von einer Burg, welche vor vielen Hundert Jahren auf das Felsenriff gebaut wurde. Heute ist die mittelalterliche Burg längst vollständig zur Ruine zerfallen.

Am Ende der Felsen gibt es einen kleinen Pfad, der zu einem Aussichtsplateau führt. Bei gutem Wetter kann man hier einen Blick in die elsässischen Nordvogesen genießen.

Insgesamt ist die Wanderung mit knapp sechs Kilometern Länge und ohne große Steigung leicht zu bewältigen. Wer nach dem Aussichtspunkt noch nicht umkehren möchte, der kann sich auf die zehn Kilometer lange Altschlosspfad-Route begeben.

Jede Perspektive ein Highlight

Farbenpracht wie am Grand Canyon

Info

Anfahrt: Mit dem Auto zum Wanderparkplatz am Spießweiher fahren. Die nächste Autobahn ist die A65, bei Landau-Nord auf die B10 an Annweiler vorbei bis Hinterweidenthal, dort am Kreisel Richtung Eppenbrunn. Der Wanderparkplatz liegt Richtung Fischbach auf der rechten Seite.

Wanderung kurze Runde: sechs Kilometer, drei Stunden mit viel Zeit zum Staunen und Entdecken

Wanderung „Altschlosspfad“: 10,1 Kilometer, drei Stunden, mittelschwer

Startpunkt: Parkplatz Hotel Kupper, Hirnbaumstraße 22, 66957 Eppenbrunn

Einkehr und Unterkunft:

- Hotel-Restaurant Waldesruh: familiengeführtes Traditionshotel mit Doppelzimmer und Familienzimmer, Restaurant mit Sonnenterrasse und regionaler sowie internationaler Küche; Neudorfstraße 4, 66957 Eppenbrunn, Tel. 06335 859960, *hotel-hauswaldesruh.de*

2 Mit dem Esel durch den Pfälzerwald

EIN TIERISCHES WANDERERLEBNIS

Die Pfalz bei einer Wanderung zu entdecken und durch Täler, Wälder und über Berge zu marschieren ist ein wunderbarer Ausgleich zum Alltag. Doch wie wäre es, wenn ein tierischer Begleiter mit langen Ohren und kuscheligem Fell beim nächsten Ausflug dabei wäre?

Ein Päuschen an den Altschlossfelsen

Das Team von Ânecdote bietet in der Region rund um Eppenbrunn und dem Dahner Felsenland ein unvergessliches Wandererlebnis mit Eseln an. Das Besondere: Nach einer intensiven Einführung über den richtigen Umgang mit den geduldigen Tieren geht die Wanderung ohne einen begleitenden Führer los. Die Esel sind so gut ausgebildet, dass einer ganz persönlichen Erfahrung nichts im Wege steht. Auch bei der Auswahl der Touren ist für jeden das richtige Angebot dabei. Egal ob ein kurzer Tagesausflug zum ersten Kennenlernen, eine längeren Tageswanderung oder sogar eine mehrtägige Tour mit verschiedenen Übernachtungen im Pfälzerwald – alles ist möglich.

Die Karawane zieht weiter.

Einige der Esel wurden durch eine Kooperation mit der französischen Eselnothilfe ADADA aus schlechten Verhältnissen gerettet. So ist ein Teil der Herde adoptiert und findet in der Pfalz ein neues Leben und eine neue Aufgabe, die den Eseln großen Spaß bereitet. Die Ausbildung zum Wanderesel erfolgte in enger Zusammenarbeit mit Gentiâne, dem französischen Betrieb in Cévennes, der hinter dem neu gegründeten Ânecdote steht und bereits seit 1984 Wanderungen mit Eseln anbietet.

Unterwegs gibt es saftiges Gras.

Wer denkt, Esel sind stur und widerspenstig und eine Wanderung mit den grauen Vierbeinern gestaltet sich eher als schwierig, der irrt gewaltig. Ganz im Gegenteil sind Esel sehr intelligent, folgsam und anhänglich. Sie lieben es, entlang des Weges hin und wieder eine kleine Pause einzulegen, um saftiges Gras zu fressen. So bleibt während der Wanderung genügend Zeit für eine Rast. Durch ihre geduldige Art sind Esel die idealen Wanderbegleiter für die ganze Familie. Und das Beste: Die Esel sind so kräftig, dass sie das Gepäck auf ihrem Rücken tragen können, ohne groß ins Schwitzen zu geraten. Auch kleine Kinder bis 40Kilogramm können eine Runde auf dem Rücken der flauschigen Tiere drehen. Bei mehrtägigen Wanderungen sind alle Unterkünfte vorgebucht und die Esel werden abends und morgens in der jeweiligen Herberge gefüttert und versorgt. So steht einem aufregenden Esel-Erlebnis nichts mehr im Weg.

Ausgiebige Kuscheleinheiten dürfen nicht fehlen.

Info

Adresse: Ânecdote Alsace: mehrtägige Wanderungen müssen über das Kontaktformular auf der Website angefragt werden, Tagesausflüge per Telefon; Maximilian Hafi, Altschloßstraße 12, 66957 Eppenbrunn, Tel. 0670 392423, *info@eselwandern-pfalz.de, ane-alsace.com*

Kosten:

- Bis zu zwei Stunden pro Esel 45 EUR, ab zwei Stunden gilt der Tagessatz pro Esel: 65 EUR, zwei Tage 133 EUR, drei Tage 183 EUR
- Zusätzliche Kosten: Tourenorganisation (Hotelbuchung, Wegbeschreibungen etc.), Verpflegung der Esel und eigene Übernachtungskosten

Unterkunft vor und nach dem Ausflug:

- Hotel-Restaurant Waldesruh: familiengeführtes Traditionshotel mit Doppelzimmer und Familienzimmer, Restaurant mit Sonnenterrasse und regionaler sowie internationaler Küche; Neudorfstraße 4, 66957 Eppenbrunn, Tel. 06335 859960, *hotel-hauswaldesruh.de*

3 Biosphärenhaus Pfälzerwald und Baumwipfelpfad

EINE ERLEBNISWELT FÜR DIE GANZE FAMILIE

Die Ausstellung über Flora und Fauna des Pfälzerwaldes erstreckt sich über vier Etagen, wobei sich die unterschiedlichen Lebensräume über die einzelnen Stockwerke verteilen. Ein besonderes Highlight ist die Nacht-Etage. Hier können Besucher mehr darüber erfahren, was im Pfälzerwald passiert, sobald die Sonne untergegangen ist, und den Alltag von Eule, Fledermaus und Glühwürmchen besser kennenlernen.

Wer schon immer einmal wissen wollte, welche Tiere sich im Pfälzerwald im Dickicht verstecken oder welche Pflanzen in der Pfalz zu finden sind, der ist im Biosphärenhaus in Fischbach genau richtig aufgehoben. Dort gibt es für große und kleine Wissenschaftler nicht nur eine riesige Ausstellung, sondern auch einen abenteuerlichen Baumwipfelpfad.

Rund um das Biosphärenhaus mitsamt der Ausstellung wartet ein riesiges Außengelände mit weiteren spannenden Angeboten. So gibt es beispielsweise den 2014 eröffneten Abenteuerspielplatz Keltenwiese mit einem Kletterwald, einem Wachturm mit Hängebrücke und einen Pferdestall mit Holzpferden. Für die erwachsenen Begleiter gibt es zahlreiche gemütliche Rastplätze.

Das nahe gelegene Naturerlebniszentrum Wappenschmiede, das von der Gesellschaft für Naturschutz und Ornithologie Rheinland-Pfalz betrieben wird, ist das „Biberzentrum" in Rheinland-Pfalz. Eine kleine Ausstellung gibt Auskunft über

Biosphärenhaus

die braunen Nagetiere und ihre Lebensgewohnheiten. Außerdem gibt es regelmäßige Veranstaltungen wie Gewässerexkursionen, Wildkatzen-Tage oder Mittelalterfeste. In den Sommermonaten bietet der Biosphärenladen regionale Produkte sowie Getränke und Snacks an. Ebenfalls von Mai bis September gibt es täglich eine spannende Greifvogelvorführung.

Direkt am Biosphärenhaus starten zwei Rundwege mit jeweils interaktiven Stationen, die zum Mitmachen und Nachdenken einladen. Der 2,5 Kilometer lange Biosphären-Erlebnisweg ist ganzjährig barrierefrei und für Rollstühle und Kinderwägen bestens geeignet. Auf ebenen Wegen führt er durch das angrenzende Spießwoogtal und sorgt mit Schaukelbänken, Hängematten, einer Natur-Kneippanlage und natürlich dem Spießwoog als Badesee für viel Abwechslung. Der zwei Kilometer lange Wasser-Erlebnisweg verläuft dagegen an einem der schönsten Sandbäche der Region – der Sauer. Auch wenn er nur bei trockener Witterung problemlos begangen werden kann, sind die zahlreichen Mitmach-Stationen, die über das Wasser, seinen Nutzen und natürlich seine Bewohner informieren, immer einen Spaziergang wert.

Doch nach all dem Abenteuer wartet auf die Besucher noch die Hauptattraktion: der Baumwipfelpfad. In einer Höhe von zwölf bis 18 Metern führt er als fester Holzsteg auf 270 Metern Länge durch die dichten Baumkronen. Ein 40 Meter hoher Aussichts-

Auf dem Biosphären-Erlebnisweg

Der Baumwipfelpfad

turm, eine Riesenrutsche, drei spannende Wackelbrücken und interaktive Spielstationen warten auf die Besucher. Egal welches Alter oder welche Fitness – der Baumwipfelpfad ermöglicht jedermann ganz einfach den Zugang in die Welt der Baumkronen. Ein Teil des Pfades ist dabei sogar für Rollstuhlfahrer zugänglich. Wer besonders viel Wissensdurst hat, der kann am Eingang die Wipfel-Forscher-Rallye mit dazu buchen. Hier müssen kleine Teams wie die Familie oder eine Freundesgruppe – ausgestattet mit einer wissenschaftlichen Ausrüstung – gemeinsam Aufgaben lösen, versteckte Hinweise finden und sogar Experimente durchführen. Wer zum Schluss alle Aufgaben richtig gelöst hat, der erhält als Wipfelforscher eine Urkunde und einen kleinen Preis.

Zusätzlich zu der dauerhaften Ausstellung und dem Baumwipfelpfad finden das ganze Jahr über verschiedene Veranstaltungen statt. So gibt es unter anderem Nachtexkursionen zu den Eulen und Fledermäusen, Steinmetzkurse für Erwachsene, Bogenschießen, die Möglichkeit ein Floß zu bauen oder – ganz besonders aufregend – im Schlafsack hoch oben auf dem Baumwipfelpfad zu übernachten und dabei den Sternenhimmel zu beobachten.

Info

Adresse: Am Königsbruch 1, 66996 Fischbach bei Dahn, Tel. 06393 92100, info@biosphaerenhaus.de

Öffnungszeiten: Mai bis September Mai bis September: Montag bis Freitag 9 bis 18 Uhr, Sa, So, Feiertage 9:30 bis 18 Uhr. Ab 17. April, Oktober, November: Montag bis Freitag 9 bis 17 Uhr, Sa, So, Feiertage 9:30 bis 17 Uhr. Dezember bis März: geschlossen

Eintrittspreise für Biosphärenhaus und Baumwipfelpfad: 9,50 EUR, Kinder ab 5 Jahre 7,50 EUR

Einkehr:

- Das Café-Bistro direkt unter dem Dach des Biosphärenhauses bietet neben selbst gemachten Kuchen und Torten auch kleine Gerichte zu fairen Preisen an; Tel. 06393 9933219, *cafe.biosphaerenhaus@gmail.com*, *biosphaerenhaus.de/biosphaerenhaus/restaurant*

Unterkunft:

- Das Naturerlebniszentrum Wappenschmiede bietet Übernachtungsmöglichkeiten mit 40 Betten. Außerdem gibt es einen Wohnmobilstellplatz, eine Grillhütte und eine E-Tankstelle für E-Bikes und Elektroautos.

Website: *biosphaerenhaus.de*

HINWEISE:

- Für Gruppen gibt es eine Biosphärenhaus-Rallye, die mit kleinen Aufgaben durch die Ausstellung führt.
- Die Ausstellung im Biosphärenhaus ist für Rollstuhlfahrer barrierefrei nutzbar.
- Hunde sind im Biosphärenhaus und auf dem Baumwipfelpfad nicht erlaubt, im Außengelände dürfen sie mitgeführt werden.

4 Burgruine Wegelnburg

DIE HÖCHSTGELEGENE BURG DER PFALZ

Der Legende nach soll einst Prinzessin Hirlanda in der abgelegenen Ruine gefangen gehalten worden sein. Doch zur Rettung eilte nur ein geldgieriger Hirte, den die Prinzessin wieder wegschickte. Angeblich kam nie wieder jemand vorbei, um Hirlanda zu befreien, und so soll sie noch immer auf einen aufrichtigen Prinzen warten. Wer es wagt, zum Sonnenaufgang die Wegelburg zu besteigen, der hört vielleicht in der Morgendämmerung die arme Prinzessin nach ihrem Retter rufen. In jedem Fall werden die Wanderer aber mit einer phänomenalen Aussicht über Berggipfel und Waldhügel belohnt, denn die Ruine gehört zu den beliebtesten Fotospots der Pfalz, und besonders bei Sonnenauf- und -untergang kann hier bei gutem Wetter einiges los sein. Nichtsdestotrotz ist die Besichtigung der höchsten Burg der Pfalz ein Highlight.

Lang, schlank und geformt wie ein gestrandetes Schiff liegt die Ruine der mittelalterlichen Wegelnburg hoch oben auf dem Sindelsberg. Auf den sportlichen Wanderer wartet ein Panorama-Ausblick über die schier endlosen Weiten des Pfälzerwaldes.

Auf 572 Metern Höhe thront die Wegelnburg kurz vor der französischen Grenze nahe Nothweiler und Schönau ganz im Süden der Pfalz. Die Erbauungszeit und Entstehungsgeschichte sind weitestgehend unbekannt, allerdings wurde sie im Jahr 1246 erstmals urkundlich erwähnt. Mehrmals wechselte die

Die Aussicht ist ein beliebtes Fotomotiv.

Wegelnburg ihren Besitzer, wurde umgebaut, zerstört und wiederaufgebaut. Nachdem sie den Dreißigjährigen Krieg wohl unbeschadet überstanden hatte, kam ihr offizielles Ende 1679, als französische Soldaten den Burgfelsen der Oberburg vollständig ebneten und die restliche Burg gänzlich zerstörten. Dennoch genügen die spärlichen Überreste, um einen Eindruck über die einst kompliziert konstruierte Burganlage zu verschaffen. Die langgestreckte Anlage zog sich damals über drei Ebenen und war von einer Ringmauer umgeben. Erhalten

Auf Fels erbaut

Jede Menge geheimer Gänge

sind heute noch Reste der Mauer, aber auch noch einige Felsenkammern mit Rundbogentüren und rechteckigen Fensteröffnungen. Auch ein Brunnenschacht ist noch zu entdecken. Viele Überreste lassen sich recht leicht der Unter-, Mittel- und Oberburg zuordnen, wie zum Beispiel die in Sandstein gemeißelten Treppen und Nischen, eine gemauerte Treppe und Torbögen, die zur Unterburg gehörten. Am schönsten ist jedoch die Aussicht, die bei gutem Wetter sogar bis zum Straßburger Münster reicht.

Wer die Ruine besichtigen möchte, der braucht vor allem eines: gutes Schuhwerk und ein wenig sportliche Ausdauer. Denn nicht nur der Aufstieg ist mitunter steil und anstrengend, auch in der Burg geht es stets auf und ab. Am schnellsten erreicht man die Ruine vom Wanderparkplatz in Nothweiler; besonders Frühaufsteher, die zum Sonnenaufgang oben sein möchten, sollten hier starten. Beim Anstieg der Markierung des „Felsenland Sagenweg" folgen, der Pfad schlängelt sich entlang der obligatorischen Sandsteinfelsen und viel dichtem Wald bis nach oben zur Burg.

Hier ist gutes Schuhwerk nötig.

Wie ein Schiff thront die Burg auf dem Felsen.

Info

Anfahrt: B10 bis Hinterweidenthal, weiter auf B427 bis Dahn-Reichenbach, weiter auf Landstraße über Bruchweiler-Bärenbach, Bundenthal und Rumbach nach Nothweiler

Parkplatz: Wanderparkplatz, Lembacher Straße, 76891 Nothweiler

Wanderung: 2,8 Kilometer, 45 Minuten, mittelschwer (300 Höhenmeter)

Öffnungszeiten und Eintritt: Die Wegelnburg ist ganzjährig zugänglich und der Eintritt kostenfrei.

Einkehr und Unterkunft:

- Naturhotel Wegelnburg: Hauptstraße 15, 76891 Nothweiler, Tel. 06394 284, *naturhotel-wegelnburg.de*

Website: *dahner-felsenland.net*

5 Eisenerzgrube Sankt Anna Stollen in Nothweiler

AUF DEN SPUREN DER BERGLEUTE

Im südlichen Wasgau und im Nord-Elsass verlaufen zahlreiche Erzadern, aus deren wertvollem Eisenerz schon die Kelten ihre berühmten Schwerter schmiedeten. Die Eisenerzgrube bei Nothweiler ermöglicht den Besuchern einen Einblick in die beeindruckende Arbeit der Bergleute, die hier bis 1883 in mühevoller Handarbeit Erz abbauten.

Wer ganz genau sein will, der datiert den Anfang des Sankt Anna Stollens in Nothweiler über 45 Millionen Jahre zurück. Damals stiegen extrem heiße und deshalb flüssige Eisenerze aus der Tiefe empor und suchten sich ihren Weg durch Spalten im Gestein, bevor sie schließlich zu bizarren und farbenprächtigen Formen in ihren schönen Rot-, Braun- und Ockertönen erstarrten.

Im Bergwerk gibt es viel zu entdecken.

Viele Millionen Jahre danach entdeckten schließlich die Kelten als erste den Nutzen von Eisenerz. Später traten dann Bergleute in ihre Fußstapfen und machten sich daran, das wertvolle Eisenerz durch Untertagebau zu fördern. Allein in Nothweiler verdienten etwa 450 Einwohner ihr Geld im Bergwerk. Dabei war die Arbeit alles andere als einfach. In mühevoller Handarbeit, nur mit Eisen und Schlägel ausgestattet, erschufen die Männer, von denen die jüngsten Arbeiter gerade einmal elf Jahre alt waren, in der Mitte des 16. Jahrhunderts ein insgesamt zehn Kilometer langes Stollen-System. Zentimeter für Zentimeter entstanden so auf 160 Höhenmeter versetzt insgesamt 15 Abbaustrecken. Gearbeitet wurde zwölf Stunden pro Tag und das weitgehend im Dunkeln, da offenes Licht nur den wertvollen Sauerstoff verbrauchte und Rauch produzierte. Die Temperatur betrug damals schon konstante neun Grad, und die Luftfeuchtigkeit von 80 Prozent machte das Atmen schwer.

Seit 1978 ist ein 420 Meter langer, ebenerdiger Rundgang des Stollens für Besucher zugänglich. Einsehbar ist unter anderem der zwei Meter breite, 40 Meter tiefe Sturzschacht, der zum Zerkleinern des Erzes diente. Die Erzstücke wurden in den Schacht geworfen, schlugen beim tiefen Sturz gegen die Wände und zerbrachen dabei in handliche Stücke. Am unteren Ende des Schachts wurde das Erz über einen Stollen ans Tageslicht befördert und dann draußen weiterverarbeitet, bevor es mit Karren zum Hüttenwerk ins zehn Kilometer entfernte Schönau transportiert und dort geschmolzen wurde. An guten Tagen holten die 250 Bergbauer, die zeitgleich im Stollen arbeiteten, bis zu 15 Kilogramm Erz und Gestein an die Erdoberfläche. Neben dem Sturzschacht können noch die natürliche Belüftung durch den 80 Meter hohen Wetterschacht, die Wasserversorgung durch die Zisterne und historische Werkzeuge sowie andere Ausrüstungsgegen-

Im Stollen ist es teilweise ganz schön eng.

stände besichtigt werden. Wer Fotos machen möchte, sollte nicht zögern, denn der Rundgang ist als Einbahnstraße angelegt.

Wer nach der interessanten Führung noch mehr über das Leben unter Tage erfahren möchte, der kann noch einen Abstecher ins Informationszentrum machen. Dort gibt es eine ständige Ausstellung mit allerlei Hintergrundwissen zum Eisenerzabbau in Nothweiler.

Von Ende Oktober bis Ende März ist das Bergwerk für Besucher geschlossen. Dann heißt es Licht aus und Ruhe bitte für die 500 Fledermäuse, die in den dunklen Höhlen überwintern. Fledermäuse ernähren sich hauptsächlich von Insekten und müssen sich bereits im Herbst ein dickes Fettpolster anfressen, das für mehrere Monate ohne Nahrung reichen muss. Werden die Tiere während der dunklen Jahreszeit ständig gestört, verbrauchen sie ihre Vorräte zu schnell und müssen schlimmstenfalls verhungern.

Info

Adresse: Am Kolbenberg, 76891 Nothweiler; vom Besucherparkplatz aus sind es etwa 15 Minuten zu Fuß zum Eingang des Bergwerks, der Weg ist ausgeschildert; Tel. 06394 5354

Öffnungszeiten: April bis Oktober Mittwoch bis Sonntag und an Feiertagen von 11 bis 17 Uhr; Führungen in der Erzgrube zu jeder vollen Stunde

Eintritt: 6 EUR, Kinder ab 6 Jahre, Schüler, Studenten 4 EUR, Kinder bis 5 Jahre frei, Familienkarte 14 EUR; Vergünstigungen für Gäste mit „Pfälzerwald Card“: freier Eintritt ins Info-Zentrum

HINWEIS: Jacke auch im Sommer nicht vergessen, im Bergwerk sind es ganzjährig konstante acht bis neun Grad!

Blick vom Sprinzelfelsen

Dahner Felsenland

6. Burgruine Drachenfels und Sprinzelfelsen
7. Teufelstisch bei Dahn: das Wahrzeichen der Pfalz
8. Sonnenaufgang auf dem Rötzenfelsen: entlang des Dimbacher Buntsandstein Höhenwegs
9. Rumberg-Steig und die Area One: eine Zeitreise der besonderen Art
10. Kurz und knackig: die Geiersteine bei Lug
11. Reichsburg Trifels: zwischen Krone, Zepter und Reichsapfel
12. Von Fabelwesen, Elfen und Trollen: auf den Spuren der Elwetritsche
13. Das Pfalzblick Wald Spa Resort: eine Wellness-Oase für Ruhesuchende
14. Seerosen-Tour Dahn: auf dem Fahrrad durch die romantische Landschaft
15. Luitpoldturm: unter dem Sternenhimmel
16. Rodalber Felsenwanderung: Willkommen in der Wildnis
17. Burgruine Gräfenstein: das „Merzalber Schloss"

Staatsforst Kaiserslautern West
Bann
Queidersbach
Stelzenberg
Esthal
39
Trippstadt
Elmstein
Schopp
62
270
Hermersberg
48
Heltersberg
RHEINLAND-PFALZ
Leimen
15
17
16
Rodalben
Ramberg
Eußerthal
Pfälzer Wald
Annweiler am Trifels
7
11
10
10
Hinterweidenthal
Hauenstein
8
Ilbesheim bei Landau in der Pfalz
427
14
12
13
48
Lemberg
Erfweiler
Silz
6
427
427
DEUTSCHLAND
Fischbach bei Dahn
Ludwigswinkel
9
D3
P.N.R. des Vosges du Nord
D27
D1062
D28
D28
Woerth
Soultz-sous-
27
498
28
16
Rodalben
482
497
270

6 Burgruine Drachenfels und Sprinzelfelsen

Südlich vom Dörfchen Busenberg, ganz nah an der Grenze zu Frankreich, thront auf dem 367 Meter hohen Burgberg die Burgruine Drachenfels. Der höchstgelegene Teil des gleichnamigen Sandsteinfelsens wurde zum Bergfried ausgebaut. Wegen seines bizarren Aussehens wird der Turmrest heute nur noch der „Backenzahn" genannt.

Der Besuch der Ruine Drachenfels ist ein eindrucksvolles Erlebnis. Denn hier lässt sich alles besichtigen, was für eine Pfälzer Felsenburg typisch ist: schwindelerregende Steintreppen, kleine Brücken, dunkle Kammern, Gänge und alte Gewölbe sowie Brunnenlöcher und Zisternen. Man ahnt es bereits: Die wie aus dem Buntsandstein herausgewachsene Felsenburg ist ein architektonisches Gesamtkunstwerk. Und das, obwohl die Ruine wahrlich schon bessere Zeiten gesehen hat.

Sind die Anfänge der Burg weitestgehend ungeklärt, wurde sie zum ersten Mal urkundlich um 1200 erwähnt. Damals war Drachenfels womöglich die Grenzburg des Benediktinerklosters Klingenmünster. Besonders spannend: Im Laufe der Jahre hatte sie zeitweise mehr als 20 Besitzer – und das gleichzeitig. Im Jahr 1335 wurde die einst so stolze Mittelalterburg durch kriegerische Auseinandersetzungen zerstört und dann wiederaufgebaut. Ihr Ende wurde am 10. Mai 1523 endgültig besiegelt, als während der „Sickinger Fehde" die Burg von den Truppen des Erzbischofs von Trier, des Kurfürsten von der Pfalz und des Landgrafen von Hessen zerstört und ihr Wiederaufbau verboten wurde.

Heute sind nur noch wenige Überreste vorhanden wie die Felsenkammer auf der Oberburg, das Torgebäude und die Reste eines Flankierungsturms in der Unterburg. Über eine steile, in den Felsen gehauene Treppe, kleine Brücken und eine Leiter geht es hoch hinaus auf die Aussichtsplattform des „Backenzahns". Von hier hat man eine herrliche Aussicht über die Gipfel des Wasgaus, das Dörfchen Busenberg und das schier endlose tiefgrüne Meer aus Baumkronen, aus denen immer wieder rote Buntsandsteinfelsen hervorragen.

Wer die Burg erkundet, der sollte unbedingt auch auf eine goldene Krone achten. Denn die Sage der Burg besagt, dass einst eine Riesenschlange mit einer goldenen Krone auf dem Kopf von den Gemäuern der Burg herabgeglitten war, um im Weiher an der Kapelle zu baden. Das kostbare Geschmeide legte die Schlange

Vom Sprinzelfelsen hat man eine tolle Aussicht.

ab. Wer es heute findet, so die Sage, wird mit unermesslichem Reichtum beschenkt.

Ein echter Geheimtipp ist ganz in der Nähe der Sprinzelfelsen, ein verstecktes Felsenriff zwischen der Burg Drachenfels und dem Wieslautertal. Der Felsen ist wenig bekannt und selten überlaufen, doch die Panorama-Aussicht ist phänomenal. Wie so oft führen mehrere Wege hierher. Wer wenig Zeit hat oder zum Sonnenaufgang am Felsenriff sein möchte, der fährt am besten von Dahn kommend bei Reichenbach am Kreisel in Richtung Busenberg und parkt in der zweiten, nach links abgehenden kleinen Straße. Von hier überquert man die Landstraße und folgt dem breiten Waldweg nach rechts. Direkt an der ersten Kreuzung geht ein malerischer Pfad steil auf den Dickenberg hinauf. Nach 30 Minuten ist der Sprinzelfelsen erreicht.

Wer Zeit für eine Tageswanderung hat, der kann die Besichtigung der Burg mit einem Stopp beim Sprinzelfelsen verbinden. Los geht es hier am Dorfplatz in Busenberg Richtung Ruine Drachenfels. Von dort wandert man mit einem Zwischenstopp auf der Drachenfelshütte durch den dichten Pfälzerwald bis zum Sprinzelfelsen.

Info

Anfahrt: Aus Richtung Dahn/ Schindhard/Bruchweiler kommend: Busenberg komplett durchfahren (B427), am Ortsausgang den Berg hochfahren (B427), oben rechts abbiegen, (Beschilderung Weißensteiner Hof und Drachenfelshütte), direkt vor dem Weißensteiner Hof rechts abbiegen (Beschilderung Drachenfelshütte)

- Aus Richtung Bad Bergzabern, Erlenbach, Vorderweidenthal kommend: B427 Richtung Busenberg folgen, oben auf der Bergkuppe links abbiegen (Beschilderung Weißensteiner Hof und Drachenfelshütte), direkt vor dem Weißensteiner Hof rechts abbiegen (Beschilderung Drachenfelshütte)
- Parkplatz an der Drachenfelshütte; von hier sind es nur noch circa 300 Meter bis zur Ruine, der Anstieg ist allerdings sehr steil.

Wanderung: 11,9 Kilometer, 3,5 Stunden, mittelschwer

Einkehr:

- Auf der nahen Drachenfelshütte wartet vor oder nach der Erkundung der Burgruine leckere Hausmannskost auf die Wanderer; Mittwoch, Samstag und Sonntag von 11 bis 18 Uhr

Website: *pfalz.de/de/sehenswuerdigkeit/drachenfels*

HINWEISE:

- Die Burgruine kostet keinen Eintritt und ist ganzjährig geöffnet. Der Westfels kann nur von geübten Kletterern bestiegen werden.
- Die Burgruine Drachenfels ist einer der zehn Höhepunkte des 24 Kilometer langen Busenberger Holzschuhpfades.

7 Teufelstisch bei Dahn

DAS WAHRZEICHEN DER PFALZ

Das Dahner Felsenland ist für seine charakteristischen Buntsandsteinfelsen bekannt. Ihren Ursprung haben die ungewöhnlichen Felsformationen, die sich teilweise mitten im Wald befinden, vor etwa 250 Millionen Jahren. Die Buntsandsteinbänke entstanden aus sandigen Meeresablagerungen. Durch tektonische Aktivität der Erdkruste haben sich die Felsen verschoben, sind zerbrochen oder wurden in Schollen zerlegt. Gleichzeitig verfestigten sich härtere Teile, während weichere Substanzen verwitterten. Das Ergebnis: bizarre Felsformationen wie der Teufelstisch.

Der imposante Teufelstisch im Hinterweidenthal gilt durch seine gewaltige Größe als der spektakulärste Felsen der Pfalz. Doch nicht nur die Optik sorgt beim ersten Anblick für Staunen – auch die Sagen und Legenden, die sich um den Buntsandsteinfelsen ranken, sind spannend.

Stolze 14 Meter ragt der Pilzfelsen in die Höhe. Sein Gesamtgewicht wird auf 284 Tonnen geschätzt, wobei allein die überdimensionierte „Tischplatte" mit 50 Quadratmetern und 250 Tonnen Gewicht zu Buche schlägt. Der massive „Tischfuß" besteht heute noch aus drei Teilen von etwa elf Metern Höhe. Am Fuß weist der Teufelstisch eine bröselige Schichtung auf, die unterschiedlichen Härtegrade zwischen Tischfuß und Platte sind deutlich zu erkennen. Auch die vielen verschiedenen Sandstein-Schichten lassen sich bei genauem Inspizieren ausmachen und geben einen spannenden Einblick in die geologischen Abläufe des Pfälzerwaldes. In den bizarren Vorsprüngen sind überall die Spuren von Wind und Wasser der letzten Jahrhunderte zu sehen, die den Fels mit Furchen und Auswaschungen durchziehen.

Der legendäre Teufelstisch

Auch wenn die natürliche Entstehung des Teufelstisches durch Geologen erwiesen ist, ranken sich um das landschaftliche Wahrzeichen der Pfalz noch immer zahlreiche Sagen und Legenden. Der bekannteste Mythos ist das Gedicht von Pfarrer und Dichter Fritz Claus, der beschreibt, dass kein geringerer als der Teufel persönlich nach einem Tisch zum Abendessen Ausschau gehalten hatte und – nachdem er keinen passenden Sitzplatz gefunden hatte –, sich aus den mächtigen Felsen kurzerhand selbst den Teufelstisch zusammenstellte. Nach seinem Mahl ließ er sein selbstgebautes Möbelstück kurzerhand im Wald zurück und ging seines Weges.

Ein Päuschen auf der Schuh-Bank

Auszug aus der Sage:

Einst schritt in jenem Walde
Durch nächt'ges Dunkel schnell
Hinauf die Bergeshalde
Ein finsterer Gesell.

Hell lodert in seinen Blicken
Unheimlich wilde Hast.
Nun will er sich erquicken,
Er schaut nach guter Rast.

Umsonst! Kein Stein zum Sitzen,
Kein Tisch zum nächt'gen Mahl.
Vor Zorn seine Augen blitzen
Hin über Berg und Tal.

Da – wie mit Blitzesschnelle
Packt jetzt zwei Felsen frisch
Der grimmige Geselle
Und stellt sie auf als Tisch.

Nachdem er dran gegessen,
Ging durch die Nacht er fort.
Den Tisch, wo er gesessen,
Den ließ er einfach dort.

Im Herbst 2009 wurde direkt unterhalb des Teufelstisches der drei Hektar große Erlebnispark „Teufelstisch" eröffnet. Hier warten eine Riesenrutsche, ein Felsenmeer, eine Matschstation, eine Seilbahn und ein Labyrinth, das zu einem Glockenturm führt, auf große und kleine Abenteurer. Während der Park selbst keinen Eintritt kostet, kann für zwei Euro pro Person die angrenzende Minigolfanlage genutzt werden.

Auch für Kletterer ist der Teufelstisch inzwischen eine spannende Herausforderung. Nachdem der Fels 1922 zum ersten Mal erklommen wurde, gibt es mittlerweile drei verschiedene Kletterrouten. Auf dem Gipfel ist ein einzementierter Abseilring und ein Gipfelbuch in einer Blechkassette vorhanden.

Und was wäre der bekannteste Fels der Pfalz ohne eine ausgiebige Wanderung? Die „Hinterweidenthaler Teufelstisch-Tour" eignet sich mit ihrer Länge von zehn Kilometern bestens für Familien. Start ist der Parkplatz am Erlebnispark Teufelstisch. Von hier geht es über schmale Pfade parallel zum Lauf des Salzbachs in Richtung Salzwoog. Unterwegs wartet die mystische Schwammbornquelle inmitten eines kleinen Weihers. Eine Holzbank oberhalb des Tümpels lädt zu einer Rast ein, bevor schon bald das Dorf Salzwoog erreicht ist. Von hier führt die Route rund um den Berg „Hoher Kopf", bevor am Ende die teuflischen Sehenswürdigkeiten warten. Denn neben dem Teufelstisch als letztes Highlight gibt es in unmittelbarer Nähe sowohl die „Teufelsschmiede" als auch die „Teufelsküche" zu bestaunen.

Info

Adresse: Im Handschuhteich 31, 66999 Hinterweidenthal

Anfahrt: B10 aus Richtung Pirmasens oder Landau, von der Ortseinfahrt sind es ca. 600 Meter bis zum Erlebnispark Teufelstisch.

Wanderung Hinterweidenthaler Teufelstisch-Tour: zehn Kilometer, etwa drei Stunden, mittelschwer

Öffnungszeiten:

- Der Teufelstisch ist ganzjährig zugänglich.
- Der Erlebnispark Teufelstisch ist täglich von 10 bis 18 Uhr geöffnet.

Einkehr:

- Landgasthof Am Teufelstisch: Restaurant mit kleinem Hotel direkt neben dem Parkplatz; Im Handschuhteich 29, 66999 Hinterweidenthal, Tel. 06396 369, *am-teufelstisch.de*

8 Sonnenaufgang auf dem Rötzenfelsen

ENTLANG DES DIMBACHER BUNTSANDSTEIN HÖHENWEGS

Zugegeben – das Dahner Felsenland hat eine ganze Menge wunderschöner Felsformationen aufzuweisen, die sich in Sachen Aussicht, Fotomotiv und Optik gegenseitig den Rang ablaufen. Doch ein ganz besonderer Buntsandsteinfels darf bei einem Kurzurlaub in Dahn keinesfalls fehlen: der Rötzenfels.

Nebelschwaden über dem Pfälzerwald

Stolz sind sie, die Einwohner von Gossersweiler-Stein, auf ihren Rötzenberg. Auf dem 459 Meter hohen typischen Kegelberg wartet südlich des Gipfels der imposante Rötzenfelsen. Wer es irgendwie einrichten kann, sollte dem magischen Ort bei Sonnenaufgang im Herbst einen Besuch abstatten. Parken kann man am Sportplatz in Gossersweiler, dann einfach dem Waldweg folgen. Nach circa 25 Minuten hat man schon den Gipfel erreicht, und das weiße Gipfelkreuz sowie der einsame Baum auf dem vorderen Felsen sorgen mit den dichten Baumkronen und den tanzen Nebelschwaden im Hintergrund für ein sagenhaftes Bild. Bricht dann noch die Sonne durch die Wolkendecke, ist das Farbschauspiel perfekt. Trotz all der Euphorie ist dennoch auch an diesem Felsplateau Vorsicht geboten. Denn mit seinen beeindruckenden 55 Metern Felshöhe geht es hier links und rechts ziemlich tief hinunter. Und auch wenn es im Internet zahlreiche Bilder von Menschen gibt, die sich auf dem vorderen Felsen neben dem Kreuz für Fotos positionieren, sollte man doch um des eigenen Lebens Willen die Aussicht von einigen Metern weiter hinten genießen. Den Blick zur Burg Lindelbrunn, zur Reichsburg Trifels und zum riesigen Asselstein hat man auch von hier!

Von Februar bis oftmals in den August hinein ist der vordere Fels ohnehin für Wanderer und Kletterer gesperrt, da dann Wanderfalken an ihm brüten. Hier gilt es genügend Abstand zu halten, und wer weiß, vielleicht lässt sich sogar ein Blick auf die Falken und ihre Jungen erhaschen.

Der Rötzenfelsen früh am Morgen

Wer mehr Zeit mitbringt, der kann den Rötzenfelsen auch im Zuge des Dimbacher Buntsandstein Höhenwegs erkunden. Die Wanderung startet bei Dimbach und es gilt drei Berge zu überschreiten: den Dimberg, den Rötzenberg und den Immersberg. Doch die Anstrengungen werden mehr als belohnt: Es gibt in der Pfalz kaum eine vergleichbare Tour, die in dieser Länge an so zahlreichen Buntsandsteinfelsen vorbeiführt. Neben bizarren Formationen, Schichtungen, bunten Färbungen und allen möglichen Gebilden warten zahllose Aussichtspunkte auf die Wanderer. Wer nicht unter Höhenangst leidet, der kann den ein oder anderen Felsen sogar über schmale Pfade erklimmen und dabei den ein oder anderen ganz abgeschiedenen Aussichtsplatz für eine einzigartige Rast entdecken.

Los geht es am Wanderparkplatz am Ortseingang von Dimbach. Nach einigen ersten Höhenmetern erreicht man das Felsmassiv des Falkensteins, kurze Zeit später den Kaftenstein mit Ausblick auf Dimbach. Auf dem Weg zum Dimberg passiert man eine hübsche Marien-Gedenkstätte im Wald. Der Gipfel des Dimbergs ist über eine kurze Kletterpartie zu erreichen, bei warmem, sonnigem Wetter lässt sich der Aussicht ins Tal besonders gut genießen. Weitere Highlights der Tour sind die Isselmannsteine, natürlich der Rötzenfelsen, der Kieungerfelsen, der Horn-Gipfel, eine gemütliche Sitzgruppe auf dem Häuselstein und als Abschluss das Keeshäwel als letzte Felsattraktion. Zwischen den moosbewachsenen Felsen und Steinen und den abenteuerlichen Kletterrunden warten auf dem Rundwanderweg insgesamt zwölf Informationstafeln auf wissbegierige Wanderer. Hier werden Hintergrundinfos zu Themen wie Naturschutz, Vegetation, Bodenentwicklung oder auch Tektonik genauer erläutert.

Tipp: Wer den Rundwanderweg abkürzen möchte, ohne auf die vielen Felsen-Highlights zu verzichten, der kann an der Schutzhütte des Pfälzerwaldvereins Gossersweiler zwischen Rötzenberg und Kieungerfelsen einfach auf den Weg mit dem blauen Kreuz wechseln, um so auf kürzerer Strecke wieder zurück zum Parkplatz zu gelangen.

Info

Adresse: Hauptstraße, 76848 Dimbach

Anfahrt: Über die B10 (Pirmasens-Landau), Abfahrt Wilgartswiesen, dann über Spirkelbach, dort in der Ortsmitte rechts ab nach Lug; auf der folgenden Kreuzung links, nach der Brücke rechts abbiegen und gleich wieder links, bergauf nach Dimbach

Wanderung: 9,8 Kilometer, ca. drei Stunden, mittelschwer, gute Grundkondition und Trittsicherheit erforderlich

Einkehr:

- Zum alten Nussbaum: Hotel mit Restaurant im urigen Landhausstil und gemütlichem Biergarten; Mittwoch bis Samstag von 12 bis 13:45 Uhr und von 18 bis 21 Uhr, Sonn- und Feiertage von 12 bis 19:30 Uhr durchgehend geöffnet; Wasgaustraße 17, 76848 Schwanheim, Tel. 06392 1886, *zumaltennussbaum.de*

Website: *pfalz.de/de/route/dimbacher-buntsandstein-hoehenweg*

9 Rumberg-Steig und die Area One

EINE ZEITREISE DER BESONDEREN ART

Der Rundweg unweit der französischen Grenze könnte gegensätzlicher kaum sein. Eben noch streift man auf einem abenteuerlichen Rundweg durch alte Bunkeranlagen, bevor man nur wenige Gehminuten weiter die Stille am romantischen Rösselsweiher genießt. Der Premium-Wanderweg Rumberg-Steig startet am Dorfplatz im Dörfchen Ludwigswinkel. Von hier geht es durch eine Talaue, vorbei an einem alten denkmalgeschützten Zollhof direkt in die Area One.

Der Rumberg-Steig im Dahner Felsenland hat gleich drei Höhepunkte, die unterschiedlicher nicht sein könnten: den Rumberg mit seinen bizarren Felstürmen, eine verträumte Tallandschaft mit Weihern und der Rösselsquelle sowie ein ehemaliges US-Sonderwaffenlager, das heute für Besucher frei zugänglich ist.

Das insgesamt 680 Hektar große Gelände der U.S. Army wurde von 1956 bis 1994 als Sonderwaffenlager genutzt. Als einer der bekanntesten pfälzischen Schauplätze des Kalten Krieges war das Lager streng bewacht. Heute können Besucher sich unbesorgt auf die Spuren der hier stationierten Soldaten begeben. Zu Hochzeiten bestand das Militärgelände aus fast 100 Bunkern und unzähligen Gebäuden wie zum Beispiel Offizierskasino, Bowlingbahn, Reparaturhalle, Feuerwehrstützpunkt und sogar einem Kino. Doch inzwischen hat sich die Natur das Gelände längst zurückerobert.

Im Sägmühlweiher kann gebadet werden.

Vorbei geht es an spektakulären Buntsandsteinfelsen.

Während der größte Teil des Grundstücks sich zu Heideflächen entwickelt hat und so geschützten Tieren- und Pflanzenarten einen Lebensraum bietet, ist der ehemalige Löschteich mit Schilf bewachsen und wird von Fröschen und Goldfischen als Domizil genutzt. Übrig geblieben sind ein großes Wachgebäude mit einem Wachturm, ein Hubschrauberlandeplatz und 19 Bunkeranlagen, die sich alle bei einem ausgewiesenen Rundgang erkunden lassen. Eine kleine Portion aufgeregtes Herzklopfen inklusive ...

Wer aus der Reise in die Vergangenheit zurückgekehrt ist, kann nach einer kurzen Atempause den landschaftlichen Höhepunkt der Tour erklimmen: den Rumberg. Hat man den recht steilen Anstieg geschafft, tauchen wie aus dem Nichts die fünf spektakulären, turmartigen Felsen auf, die sich bis zu 20 Meter hoch auf dem langgezogenen Rücken aneinanderreihen: Ostfels, Lochfels, Wespenfels, Habichtsfels und Kastenfels. Besonders der Wespenfels macht mit seiner schmalen Taille seinem Namen alle Ehre. Nach einer kurzen Rast mit Blick auf die Gipfel der elsässischen Nordvogesen geht der Weg wieder hinunter, vorbei am Spitzen Felsen und sogleich wieder hinauf zum zweiten Gipfel der Wanderung: dem Guggebühl, einem Berg mit mächtigem Felsmassiv.

Nach all der Anstrengung werden die hohen Felsen im letzten Drittel der Tour gegen eine weitläufige Tallandschaft eingetauscht. Hier warten der Rösselsweiher mitsamt der sprudelnden Rösselsquelle und der verträumte Sägmühlweiher auf erschöpfte Wanderer. Am Westufer des Sägmühlweihers lädt ein schöner Badeplatz an besonders heißen Tagen zum Sprung ins kühle Nass ein, bevor es zurück zum Ausgangspunkt geht.

Info

Anfahrt: Auf der B10 bis Hinterweidenthal, weiter auf der B427 Dahn-Reichenbach, von dort Richtung Bruchweiler-Bärenbach L489 über Fischbach weiter in Richtung Ludwigswinkel L478, links abbiegen dann rechts und weiter bis zur Ortsmitte

Parkplatz am Dorfplatz: Landgrafenstraße 44, 66996 Ludwigswinkel

Wanderung: 11,2 Kilometer, vier Stunden (inkl. Erkunden der Area One), mittelschwer

Einkehr:

- Gasthaus Zum Landgrafen: Landgrafenstraße 33, 66996 Ludwigswinkel, Tel. 06393 405, *zumlandgrafen.de*

Unterkunft:

- Hotel-Restaurant Rösselsquelle: Am Sägmühlweier 1, 66996 Ludwigswinkel, Tel. 06393 250, *roesselsquelle.de*

10 Kurz und knackig:

DIE GEIERSTEINE BEI LUG

Kurz und knackig, aber dennoch abenteuerlich, abwechslungsreich und vor allem imposant: So lässt sich die Geiersteine-Tour bei Lug am besten beschreiben. Auf gerade einmal knapp sechs Kilometern Wanderstrecke lassen sich in zwei Stunden mächtige Buntsandsteinformationen erklimmen und atemberaubende Aussichten genießen.

Los geht die kürzeste Premium-Wanderung der Verbandsgemeinde Hauenstein vom Parkplatz an der Gemeindehalle in Lug. Wer den Aufstieg am Vormittag oder am Nachmittag wagt, kann sich beim Open Air Café am Dorfplatz noch eine Stärkung holen, bevor es den Berg hinauf geht. Zwar ist der Anfang etwas steil, doch die 30 Minuten bis zum ersten Aussichtspunkt – dem Hornsteim – sind für Wanderer mit jeder Kondition durchaus leicht machbar. Spätestens wenn das Felsmassiv des Hornsteins ganz plötzlich zwischen den Bäumen hervorsticht, ist jegliche Anstrengung vergessen. Ein schmaler Pfad windet sich bis hoch zur Aussichtsplattform und zum weißen Gipfelkreuz. Eine Bank lädt zu einer kurzen Verschnaufpause ein, und den sagenhaften Blick über Lug und die umliegenden Baumkronen vergisst man so schnell nicht wieder.

Gemütliche Rast

Nach dem Abstieg folgt ein gemütlicher Spazierweg über einfache Waldwege bis zum Runden Hut. Das rund 250 Millionen Jahre alte Gestein erinnert durch seine bizarre Form an einen Pilz. Um sich den Runden Hut aus der Nähe betrachten zu können, bedarf es ein paar Kletterkünsten und vor allem festem Schuhwerk sowie Trittsicherheit. Wer sich sicher genug fühlt, sollte sich das Sandsteingebilde allerdings unbedingt genauer anschauen, denn der Runde Hut besitzt in der Mitte einen außergewöhnlichen Hohlraum, der nach allen Seiten hin offen ist. So wird der mächtige obere Felsbrocken nur von kleinen Felstürmchen gehalten. Der Panoramablick begeistert mit einer Sicht auf das kleine Dorf

Der Runde Hut bietet den perfekten „Durchblick".

Wernersberg, die Burg Trifels und die vielen Baumkronen des Pfälzerwaldes.

Noch ganz fasziniert von dem Wunder der Natur wartet ganz in der Nähe der Namensgeber der Wandertour: die Geiersteine von Lug. Die Felsformation besteht aus einem freistehenden Turm, der die vordere Spitze des Massivs bildet, und einem gewaltigen Riff, dessen mächtige Felsrampe für Wanderer zugänglich ist. Hier ist Vorsicht geboten, denn die Aussichtsplattform ist ungesichert und es geht an allen drei Seiten 45 Meter in die Tiefe. Auf dem Plateau ist viel Platz für eine ausgedehnte Rast. Der Anblick über die bewaldeten Hügel und die roten Sandsteintürme, die hier und da aus dem grünen Meer hervorstechen, sind ein einmaliges Erlebnis. Zu jeder Jahreszeit sind die Geiersteine einen Besuch wert, doch vor allem zum Sonnenaufgang im Herbst, wenn der Nebel noch in den Tälern steht, ist der Ausblick einfach atemberaubend.

Doch wer denkt, die Geiersteine sind nur von oben einen Besuch wert, der irrt. Auf dem Rückweg führt der Weg durch die beiden riesigen Felsformationen, und wer zu Füßen des Sandsteinmassivs steht, fühlt einmal mehr die Kraft der Natur. Hier sollte definitiv innegehalten werden, denn solch einen imposanten Buntsandsteinfelsen aus nächster Nähe sieht man dann doch nicht alle Tage.

Ihren Namen haben die Geiersteine übrigens aus zwei Gründen: Ihr Anblick aus dem Tal soll an einen Geier mit seinem langen Schnabel erinnern. Auch ist der Name ein Indiz dafür, dass hier früher Adler (die im Wasgau als Geier bezeichnet wurden) gebrütet haben.

Info

Anfahrt: über die B10, Abfahrt Wilgartswiesen, dann über Spirkelbach, dort in der Ortsmitte rechts ab nach Lug; über die Günter-Bauer-Straße, Hauensteiner Straße zum Parkplatz an der Gemeindehalle in Lug, von dort ca. 250 Meter Fußweg zum Dorfplatz. Der Wanderweg ist ab dem Parkplatz ausgeschildert.

Anfahrt: 5,4 Kilometer, zwei Stunden, leicht

Einkehr:

- Open Air Café (Dorfladen) am Dorfplatz: Montag bis Freitag 6 bis 12 Uhr und 15 bis 18 Uhr, Samstag 6 bis 12 Uhr, *pfalz.de/de/lug-open-air-cafe*
- Restaurant und Hotel Zum Alten Nussbaum: im Sommer mit gemütlicher Gartenterrasse, marktfrische Produkte der Saison wie zum Beispiel die berühmte Pfälzer Keschdesupp (Kastaniensuppe); Wasgaustraße 17, 76848 Schwanheim, Tel. 06392 1886, *zumaltennussbaum.de*

Website: *urlaubsregion-hauenstein.de*

HINWEIS: An den Geistersteinen gibt es professionelle Kletterrouten.

11 Reichsburg Trifels

ZWISCHEN KRONE, ZEPTER UND REICHSAPFEL

Majestätisch thront Burg Trifels auf dem höchsten der drei Bergkegel oberhalb von Annweiler. Einst Mittelpunkt des Stauferreiches ist die vollständig, aber nicht originalgetreu restaurierte Burg heute ein beliebtes Ausflugsziel im Dahner Felsenland.

Namensgeber von Trifels („dreifacher Fels") ist das mächtige, dreifach gespaltene Felsenriff, dessen senkrecht abfallende Spitze die Kuppe des knapp 500 Meter hohen Sonnenbergs bildet.

Saß hier einst Kaiser Barbarossa?

Erstmals erwähnt wurde die Burg 1081 in einer Schenkungsurkunde. Errichtet wurde sie von den Saliern, bevor sie 1113 von den Staufern zur Reichsburg ausgebaut wurde und unter den Stauferkaisern ihre Blütezeit erlebte. So hatte unter anderem Kaiser Barbarossa Trifels als seine Lieblingsburg auserkoren. Kein Wunder, denn allein die Aussicht vom Hauptturm hinunter ist mehr als imposant: Zu Füßen liegt das Queichtal und die kleine Stadt Annweiler, nach Osten breitet sich die Rheinebene aus, nach Westen ziehen sich bis zum Horizont die Täler und Höhen des Pfälzerwaldes. Eine Region, die im Hochmittelalter zu den politisch wichtigsten und auch wirtschaftlich stärksten Gegenden des Reiches gehörte. Von Turm aus hat sicher auch Staufer-Kaiser Heinrich VI im Jahr 1194 den Aufmarsch seiner Truppen beobachtet, bevor er vom Trifels aus zum Feldzug

Der pompöse Rittersaal

Ein wahrhaft majestätischer Ausblick

nach Süditalien aufbrach. Finanziert wurde dieser Feldzug aus jenen 23 Tonnen Silber, die England als Lösegeld gezahlt hatte, um damit Richard Löwenherz aus seiner Gefangenschaft auf der Staufer-Burg zu befreien. Löwenherz gilt noch heute als einer der berühmtesten Gefangenen, die Trifels je beherbergt hatte. In Italien schlug Heinrich VI die Normannen, kehrte mit deren Schatz, zahlreichen Geiseln und obendrein als neuer König von Sizilien auf seine sichere Festung in der Pfalz zurück.

Neben der Nutzung als Staatsgefängnis war Trifels auch Schatzkammer des Heiligen Römischen Reiches Deutscher Nation und Aufbewahrungsort der Kleinodien: Kaiserkrone, Schwert und Reichskreuz als die höchsten weltlichen Symbole. Die Nachbildungen können heute in einer eigenen Schatzkammer der sehenswerten Dauerausstellung angeschaut werden. Die Originale befinden sich im Kunsthistorischen Museum in Wien.

Doch auch die Blütezeit einer Burg geht einmal vorüber. 1602 schlug ein Blitz ein und 1635 brach die Pest aus. Danach wurde die Burg als Steinbruch benutzt. Zwischen 1938 und 1966 wurde die Burg nach Plänen von Prof. Rudolf Esterer teilweise wieder aufgebaut. Von den beiden Schwesternburgen Anebos und Scharfenberg (Münz), die ebenfalls zur „Trifels-gruppe" gehören, sind heute dagegen nur noch die Ruinen übrig.

Die Burg Trifels thront hoch oben auf dem Sonnenberg.

Info

Anfahrt: A65 Karlsruhe-Ludwigshafen, Abfahrt Landau Süd, dann B10 bis Annweiler West; Beschilderung zur Burg folgen

Parken: kostenpflichtiger Parkplatz am Fuß des Burgberges (ca. 20 Minuten Fußweg)

Öffnungszeiten: Dienstag bis Sonntag 10 bis 18 Uhr, letzter Einlass 17:15 Uhr; Tel. 06346 8470

Eintritt: 4,50 EUR, Kinder 2,50 EUR

Einkehr und Unterkunft:

- Barbarossa – Das Lokal am Trifels: Trifelsstraße 72, 76855 Annweiler am Trifels, Tel. 06346 84 79, *barbarossa-trifels.de*

Website: *reichsburg-trifels.de*

12 Von Fabelwesen, Elfen und Trollen

AUF DEN SPUREN DER ELWETRITSCHE

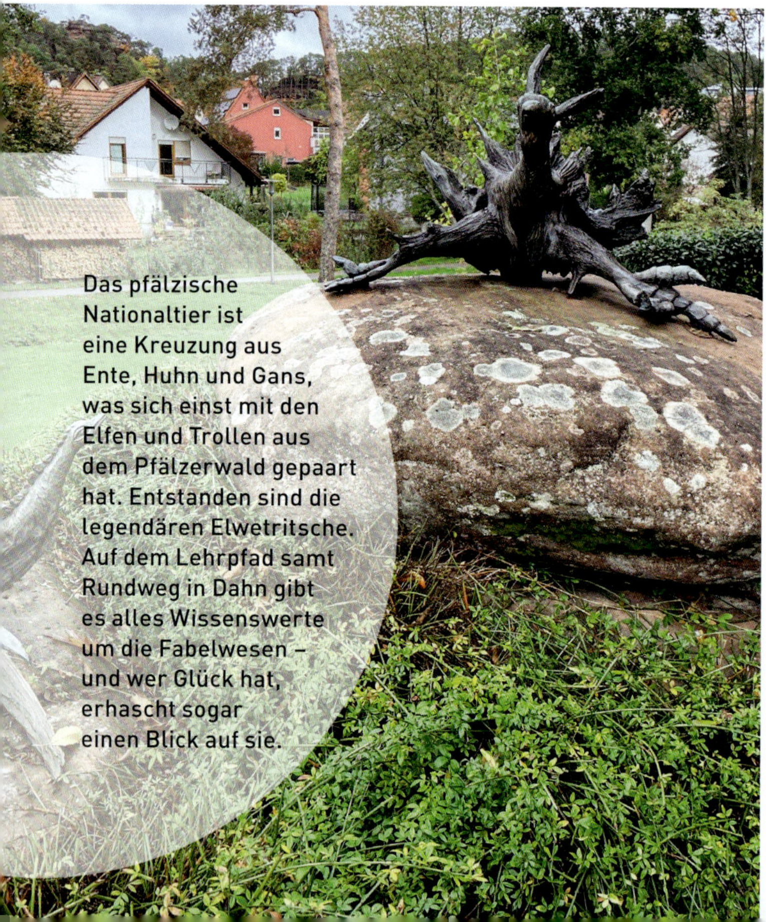

Das pfälzische Nationaltier ist eine Kreuzung aus Ente, Huhn und Gans, was sich einst mit den Elfen und Trollen aus dem Pfälzerwald gepaart hat. Entstanden sind die legendären Elwetritsche. Auf dem Lehrpfad samt Rundweg in Dahn gibt es alles Wissenswerte um die Fabelwesen – und wer Glück hat, erhascht sogar einen Blick auf sie.

Ein Elwetritsche beim Balztanz

Die Elwetritsche gehören genauso zur Pfalz wie der Wein und die Buntsandsteinfelsen: Ohne wäre die Pfalz einfach nicht komplett. Und so ist es auch nicht verwunderlich, dass die Pfälzer ihrem Nationaltier Denkmäler schaffen und es in der ganzen Pfalz stolz präsentieren. In Dahn wartet auf interessierte Besucher ein ganzer Elwetritsche-Lehrpfad mit nachfolgendem Rundwanderweg. Wer hier keines der Fabeltiere entdeckt, der hat eindeutig nicht genau aufgepasst.

Um sich einen ersten Überblick zu verschaffen, beginnt die Wanderung auf den Spuren der Elwetritsche mit sieben Schautafeln im Dahner Kurpark. Direkt zu Beginn wurde einer „Elwetritsche-Familie", die durch ihre besonders langen Krallen, den langen Hals und den kurzen Schnabel zu erkennen sind, ein Denkmal errichtet. Auf den Infotafeln können Interessierte alles über die Entwicklung, die positiven Charaktereigenschaften, die Lebensweise und auch die Jagd auf die Fabelwesen erfahren. An der letzten Schautafel beginnt dann der zehn Kilometer lange Rundweg hinauf zum Kuckucksfelsen. Unterwegs passiert man einen teilweise noch genutzten Nist- und Balzplatz des Pfälzer Sagenvogels, bevor ganz oben angekommen eine herrliche Aussicht auf die Dahner Burgengruppe Alt-Dahn, Grafendahn und Tanstein wartet. Auf dem Weg zum Römerfelsen lassen sich ein Ritualplatz für die Balz am Boden entdecken, und etwas weiter erhascht man den Blick zum Elwetritsche-Horst, einem typischen lichten Waldstück, das die Elwetritsche früher als Wohngegend nutzten. Der Aufstieg zum imposanten Römerfelsen erfolgt über eine abenteuerliche Leiter, oben gibt es einen herrlichen Rundumblick über den Wasgau. Weitere Stationen auf dem Rundwanderweg sind ein Tritsche-Versammlungsplatz auf dem Römerfelsen, eine

Ein echtes Elwetritsche ist nur schwer zu fangen …

Tritsche-Einflugschneise, der Bubenfelsen, den Elwetritsche als Neugier-Felsen zur Beobachtung des Städtischen Treibens nutzen, sowie eine fossile Eiablage-Stelle mit Abdrücken von Tritsche-Eiern und ein ehemaliger Heil- und Sageplatz.

Da Elwetritsche sehr scheu sind, besteht die größte Chance auf eine erfolgreiche Jagd in der Nacht, am besten während der Neumondphase. Nicht-Pfälzer müssen allerdings erst einen Jagdschein machen, um den Sagenvogel fangen zu dürfen. Jäger benötigen einen Sack, eine Öllampe und zahlreiche Treiber, die mit Knüppeln gegen die Bäume schlagen und dabei laut „Tritsch-Tritsch" rufen, um die Elwetritsche aus ihren Verstecken zu scheuchen. Um sich vor einem möglichen Angriff des Vogels zu schützen, muss zuvor eine ganze Menge Alkohol getrunken werden. Das mögen Elwetritsche nämlich nicht und halten sich von der Nähe der Menschen fern. Da die Jagd selten Beute bringt, werden die nächtlichen Ausflüge ganz nach Pfälzer Art am Ende mit viel Pfälzer Wein als zünftiges Zusammensein zelebriert.

Info

Anfahrt: B10 bis Ausfahrt Hinterweidenthal, weiter auf der B427 nach Dahn, dort der Beschilderung Haus des Gastes bzw. Kurpark folgen

Start/Ziel: Kurpark Dahn, Weißenburger Straße, 66994 Dahn

Parkplatz: Haus des Gastes/Kurpark, Weißenburger Straße 17d, 66994 Dahn

Wanderung: Rundwanderweg, 9,5 Kilometer, 3,5 Stunden, mittelschwer

Einkehr:

- Haus des Gastes: Pfälzer und deutsche Küche sowie Pizza mit Blick auf den Kurpark; Weißenburger Straße 17d, 66994 Dahn, Tel. 06391 9198265

13 Das Pfalzblick Wald Spa Resort

EINE WELLNESS-OASE FÜR RUHESUCHENDE

Dank seiner zentralen Lage ist das Pfalzblick Resort der ideale Ausgangspunkt, um die vielen Ausflugsziele und Wanderwege in der nahen Umgebung zu erkunden. Viele Themenwege der Pfalz führen direkt am Hotel vorbei und entführen ins Dahner Felsenland mit seinen faszinierenden Farben und Formen. Auch zahlreiche Burgen thronen auf den bewaldeten Kuppen. So lassen sich beispielsweise die Burgruine Drachenfels (siehe Tipp 6, Seite 54) oder die berühmte Wegelnburg (siehe Tipp 4, Seite 42) ganz wunderbar auskundschaften.

Raus aus dem Alltag und Entspannung pur – so könnte das Motto für einen Kurzurlaub im Wald Spa Resort Pfalzblick lauten. Eingebettet in einen 55.000 Quadratmeter großen Garten mit viel Wald und Wiesen liegt das Hotel inmitten des Dahner Felsenlandes und bietet für Urlauber eine ausgewogene Kombination aus Wandern und Wellness.

Doch was wäre ein Wellnessurlaub ohne Wellness? Nach einer anstrengenden Wanderung oder eine Kletterpartie über die roten Sandsteinfelsen lässt es sich am allerbesten in der Sauna entspannen. Im Pfalzblick Resort gibt es eine Indoor-Saunawelt mit Finnischer Sauna, einem Sanarium und einem Blütendampfbad. Zwischen den Saunagängen stehen beheizte Wärmebänke, gemütliche Ruhezonen und ein Whirlpool mit Blick über den großen Garten zur Erholung bereit. Wer es sportlicher mag, kann seine Bahnen im

Die Saunalandschaft direkt am Schwimmteich ist frisch renoviert.

Hallenschwimmbad ziehen. Für den kleinen Hunger zwischendurch gibt es ein Spa-Bistro mit Getränken und Snacks zur freien Auswahl.

Ein besonderer Hingucker ist der wunderschön angelegte Naturbadeteich „Kleiner Wasgausee". Bei gutem Wetter stehen hier viele Liegen und Ruheinseln zur Verfügung. Mittendrin wartet die Saunainsel mit drei Erlebnis-Saunen auf Erholungssuchende. Während man in der großen Panoramasauna in den idyllischen Garten blickt, gibt es in der Waldsauna große Bildschirme, auf denen die schönsten Naturschauspiele der Pfalz laufen. Auch eine Dampfgrotte und ein Eisbrunnen sind vorhanden. Im Obergeschoss laden die beiden liebevoll eingerichteten Ruheräume „Seeblick" und „Waldstille" mit ihrem Ausblick über den Pfälzerwald zum Dahinträumen ein.

Ein ausgeklügeltes Aktivprogramm bietet Yoga-Retreats, Autogenes Training, ZEN-Gymnastik oder auch Aqua-Fit an. Auch ein Gymnastikraum und ein Fitnesscenter stehen zur Verfügung.

Saunagang mit Ausblick

Insgesamt bietet das Pfalzblick Resort 80 Zimmer – darunter sieben Suiten – an. Jedes Zimmer wurde nach einem berühmten Felsen in der Umgebung benannt und verfügt über einen Balkon oder eine Terrasse mit Gartenblick. Besonders in den großen gemütlichen Betten schläft es sich traumhaft schön. Haben viele Hotels doch besonders bei voller Auslastung oft mit einem hohen Geräuschpegel zu kämpfen, sticht im Pfalzblick Resort vor allem eines hervor: die Ruhe. Durch eine sehr gute Schallisolierung steht einer erholsamen Auszeit nichts mehr im Wege.

Hier warten süße Träume.

Doch damit nicht genug, es werden im Pfalzblick auch die Gourmet-Herzen höherschlagen. In jedem Übernachtungspaket ist neben Wellness auch die Wohlfühlpension inklusive. So startet der Tag mit einem ausgiebigen Schlemmerfrühstück, das keinerlei Wünsche offenlässt. Am Mittag wartet ein kleiner Imbiss, bevor es am Nachmittag Kaffee und Kuchen gibt. Am Abend stehen dann weitere Pfälzer Köstlichkeiten und Spezialitäten aus dem Elsass auf der Speise- und Weinkarte. Entweder in Buffetform oder in einem mehrgängigen Menü zeigt die Küche, was sie kann. Hier heißt das Motto: gehoben, aber doch bodenständig, genussorientiert, aber trotzdem frisch und vital. Eine Besonderheit ist die hochkarätige Käsevariation. Denn die kuratiert der elsässische Käsespezialist Bernard Antony persönlich mit viel Leidenschaft. Zum Ausklang lassen sich erlesene Pfälzer Weine in der Vinothek verkosten.

Kamen in den 1980er-Jahren noch hauptsächlich Tagungsgäste und Geschäftsreise ins Pfalzblick Resort, haben die Inhaber, Familie Maus, in den letzten 30 Jahren eine Wellnessoase für Ruhesuchende geschaffen, die Gäste aus Deutschland und allen Nachbarländern magisch anzieht. Das liegt einerseits sicherlich an dem hervorragenden Wellness-Angebot und der einzigartigen Lage, aber auch an der typischen Pfälzer Gastfreundschaft, die hier großgeschrieben wird. Man merkt: Inhaber Dr. Manfred Maus, seiner Frau Isabel, den Töchtern Annette und Isabel und den mehr als 90 hochmotivierten Gastgebern liegt der familiäre Umgang mit jedem Gast mehr als am Herzen.

In der Vinothek warten Pfälzer Spitzenweine.

Info

Pfalzblick Wald Spa Resort:
verschiedene Wellness-Pakete je nach Saison; Goethestraße 1, 66994 Dahn, Tel. 06391 4040, *info@pfalzblick.de*, *pfalzblick.de*

14 Seerosen-Tour Dahn

AUF DEM FAHRRAD DURCH DIE ROMANTISCHE LANDSCHAFT

Zugegeben – das Dahner Felsenland bietet eine große Anzahl wunderschöner Wanderungen. Doch auch Fahrradfreunde kommen hier auf ihre Kosten. So führt die gemütliche Seerosen-Tour entlang zahlreicher Weiher durch romantische Waldlandschaften und ist ohne große Steigung ein geeigneter Ausflug für die ganze Familie.

Die Burgruine Neudahn mit ihrem runden Treppenturm

Das Schöne an der Seerosen-Tour: Sie ist für jedermann bestens geeignet. Egal ob als Spritztour mit Freunden, als Ausflug zu zweit oder als Samstagstour mitsamt den Jüngsten der Familie – auf der 26 Kilometer langen Strecke kommt jeder auf seine Kosten. Die Rundstrecke verläuft größtenteils auf befestigten Wirtschaftswegen, nur wenige Abschnitte sind unbefestigt. Und wer sich Sorgen um seine Kondition macht: Auf der insgesamt sehr flachen Wegstrecke müssen nur zwei geringe Steigungen überwunden werden, der Rest verläuft ganz gemütlich durch die Waldlandschaften des Rohrwoogtals und des Moosbachtals.

Los geht die Spritztour in der Schulstraße in Erfweiler. Wer will, kann hier direkt einen kurzen Abstecher zum Hahnfelsen machen, der nach einem kurzen Aufstieg und dem Bezwingen einer

Der rote Sandstein leuchtet in der Abendsonne.

kleinen Brücke mit einem weiten Blick auf Erfweiler und den Wasgau überzeugt. Wer noch genügend Kraft hat, kann sich den Ausflug auch bis zum Schluss aufheben, da Start- und Endpunkt der gleiche sind, und hier in luftiger Höhe picknicken. Von der Schulstraße aus geht es an der Weggabelung nach links und auf der Winterbergstraße bis zum Ortsende. Ab hier radelt man nur noch durch sanfte, unberührte Natur. Waldlandschaften wechseln sich mit Wiesen und Feldern ab und immer wieder sorgen versteckte Weiher und Naturseen für erholsame Atmosphäre. An heißen Sommertagen lädt der Naturbadesee Rohrwoog zu einer Rast ein (Schwimmsachen nicht vergessen!). Auch der Neudahner Weiher bietet sich für eine Abkühlung an. Wer möchte kann von hier den kurzen Umweg zur Burgruine Neudahn einplanen und die alte Festung besichtigen. Zwei weitere Sehenswürdigkeiten entlang der Strecke sind der Hirschfelsen und der Elwetritschefelsen – zwei massive Buntsandsteinformationen mitten im Wald.

Ganz am Ende der Tour wartet kurz vor Dahn ein besonderes Highlight: der Braut und Bräutigam-Felsen. Die zwei markanten Steinsäulen ragen 26 Meter in die Höhe und stehen so dicht beieinander, dass sich dazwischen teilweise nur wenige Zentimeter Platz befinden. Mit etwas Fantasie sehen die beiden Felsmassive aus wie ein frisch verheiratetes Paar bei der Hochzeit. Besonders bei Sonnenuntergang leuchtet der rote Sandstein zauberhaft im Abendlicht.

Info

Anfahrt: A65 über Landau, A6 über Kaiserslautern, A8 über Karlsruhe. Sie gelangen dann über die örtliche B10 bis Hinterweidenthal auf die abzweigende B427 nach Dahn. In der Ortsmitte folgen Sie der Beschilderung nach Erweiler (ca. drei Kilometer).

Parken: Schulstraße (Belmontplatz), 66996 Erfweiler

Streckenlänge: 26 Kilometer, Fahrtzeit 2,5 Stunden, leicht

Einkehr entlang der Strecke:

- Dahner Pfälzerwald-Hütte: Im Schneiderfeld, 66994 Dahn, Tel. 06391 1793, *pwv-dahn.de*
- Gaststätte Camping Büttelwoog: Am Campingplatz 1, 66994 Dahn, Tel. 06391 9927458, *camping-buettelwoog.de/gaststaette.html*
- Gaststätte Zum Jägerhof in Erfweiler: Winterbergstraße 34, 66996 Erfweiler, Tel. 06391 1754, *jaegerhof-erfweiler.de*

Unterkunft:

- Hotel Die kleine Blume: Winterbergstraße 106, 66996 Erfweiler, Tel. 06391 92300, *hotel-kleineblume.de*

HINWEIS: Die Burgruine Neudahn ist ganzjährig zugänglich, Eintritt kostenlos

15 Luitpoldturm

UNTER DEM STERNENHIMMEL

Im Jahr 1907 hatte der Dichter und Pfarrer Fritz Claus die Idee, einen Turm inmitten des südlichen Pfälzerwaldes zu errichten, sodass Wanderer bei ihrer Rast die Möglichkeit hatten, das Wald- und Hügelpanorama des Naturparks von oben zu bestaunen. Entstanden ist dabei der 30 Meter hohe Luitpoldturm nahe Merzalben.

„Da stand ich nun, mich an der Eiche festhaltend, und schaute mit stummem Entzücken festgebannt vor Überraschung über den großartigen, einzig schönen Ausblick, der sich hier dem Auge bietet. Überall wurde mein Herz erfreut von unserer schönen Pfälzer Heimat, aber der Ausblick hoch oben auf dem Gipfel des Weißenberges, der Ausblick übertrifft alles an wunderbarem Reiz und Großartigkeit." Die Worte, die Fritz Claus bei der Eröffnung des Luitpoldturms nach zweijähriger Bauzeit im Jahr 1909 an alle Anwesenden richtete, machen deutlich: Dieser Ort ist etwas ganz Besonderes. Und wer selbst einmal die 360-Grad-Panorama-Aussicht von ganz oben genossen hat, kann die Begeisterung des einstigen Bauherren nur allzu gut nachvollziehen.

Ab hier ist Kondition gefragt.

Der Luitpoldturm steht hoch oben auf dem 611 Meter hohen Weißenberg – dem dritthöchsten Berg im Pfälzerwald. Gebaut aus heimischem Buntsandstein besteht der viereckige Turm aus einer Freitreppe, dem eigentlichen Turm und einem Anbau. Wer die 166 Stufen hinauf zur Aussichtsterrasse erklommen hat, kann ganz in Ruhe den fantastischen Rundblick über den Pfälzerwald und die umliegenden Gipfel genießen. Im Westen überblickt man das Naturschutzgebiet Kernzone „Quellgebiet der Wieslauter". Der Pfälzerwald ist als UNESCO-Biosphärenreservat dazu verpflichtet, drei Prozent seiner Fläche vollständig der Natur- und Pflanzenwelt zu überlassen. So sind hier auf 2400 Hektar menschliche Eingriffe verboten und ein natürlicher Urwald hat sich prächtig entwickelt.

Bei klarem Wetter und guter Sicht reicht der Blick von hier oben bis zum Donnersberg, zur Rheinebene, ins nahe Elsass, in die Vogesen und ins benachbarte Frankreich. Seit 2002 sind an der Brüstung zwölf Plaketten angebracht, die prägnante Ziele im Umfeld wie die Burg Trifels oder die Kalmit mit Entfernungsangabe genau markieren.

Bei schlechtem Wetter oder auch als Rastplatz befindet sich im Anbau ein steinerner Tisch und Sitzbänke. Auf einer Gedenktafel sind die wesentlichen Daten und die interessante Baugeschichte dokumentiert. So übernahm beispielsweise der damalige Prinzregent Luitpold von Bayern (1821 bis 1912), zu dessen Ehren der Turm errichtet wurde – die Pfalz stand damals unter bayerischer Verwaltung –, nicht nur die Patenschaft des Turms und wurde Namensgeber, sondern unterstützte das Bauvorhaben auch finanziell.

Eine ganz besondere Aussicht

Tipp: Wer schon immer gerne einmal den Sternenhimmel oder sogar die Milchstraße fotografieren wollte, der ist auf dem Luitpoldturm bestens aufgehoben. Außer den wenigen Lichtern des Hermersbergerhofes sieht man hier im Umkreis keine einzige störende Lichtquelle. Vorsicht bei der Rückkehr zum Auto: Der Pfad ist schmal und mit Wurzeln gespickt.

Der Pfälzerwald erstreckt sich bis zum Horizont.

Info

Anfahrt: Aus Wilgartswiesen kommend: Der Hauptstraße folgen, bis sich diese in den Horstweg übergeht. Nach wenigen Fahrminuten erreicht man zuerst den Hermersbergerhof, dann den Wanderparkplatz „Luitpoldstein" und schließlich die dritte Parkmöglichkeit „Am Holländerklotz".

- Aus Merzalben kommend: Der Hauptstraße (L496) folgen, vorbei an Leimen, bis eine Straße (Horstweg) rechts abgeht. Der Straße folgen, bis der erste Wanderparkplatz „Am Holländerklotz" erreicht ist.

Parken: Geparkt werden kann an den beiden Wandererparkplätzen „Am Holländerklotz" und am „Luitpoldstein". Von hier führen markierte Waldwege (blaues Kreuz und das Wegeloge des Pfälzer Waldpfades) zum Luitpoldturm. Die Strecke beträgt nur wenige Gehminuten.

HINWEIS: Vom Hermersbergerhof ist die Strecke in zehn bis 20 Gehminuten geschafft.

16 Rodalber Felsenwanderung:

WILLKOMMEN IN DER WILDNIS

Mitten im Pfälzerwald windet sich der Rodalber Felsenwanderweg auf 44 Kilometern entlang imposanter Felsformationen, Höhlen und Täler. Hier lässt es sich ganz wunderbar dem Alltagsstress entfliehen.

Man sollte schon etwas Zeit einplanen, um die Rodalber Felsenwanderung in ihrer ganzen Pracht genießen zu können. Um die knapp 44 Kilometer lange Tour mit ihren rund 120 Felsformationen vollständig zu erwandern, braucht es je nach Kondition zwei bis vier Tage. Ein- und Ausstieg sind an ganz unterschiedlichen Stellen möglich, der Weg selbst ist mit nummerierten Wegpfosten und der Markierung „F" deutlich gekennzeichnet. So starten die Teilstrecken am Parkplatz P1 an der Hauptstraße am Hotel Zum Grünen Kranz, am Parkplatz P2 am Bahnhof in Rodalben, am Parkplatz P3 an der St. Josefskirche in der Haustelstraße oder am Parkplatz P4 am Bahnengolfclub.

Auf dem kompletten Rundwanderweg warten rund um die Ortslage von Rodalben unzählige bizarre, teils surreale Felsformationen auf die Wanderer – ein Naturerlebnis der Spitzenklasse. Man läuft fast ausschließlich und ohne große Steigung auf engen Pfaden, und trotz der Nähe zur Stadt bietet der Weg die Illusion völliger Wildnis und Abgeschiedenheit. Vorsicht ist hier das höchste Gebot: Immer wieder liegen Bäume oder Äste quer oder sind kurz vor dem Umsturz.

Je nach Teilabschnitt lassen sich andere Höhepunkte erwandern, ein Felsmassiv schöner und imposanter als das andere. So bietet beispielsweise der Felsen „Alte Burg" einen herrlichen Ausblick über Rodalben, bevor es von hier entlang dem Hettersbachfelsen, Hornbergfelsen, Zigeunerfelsen und Maibrunnenfelsen bis hoch zum Kanzelfelsen geht. Auf der Aussichtsplattform von letzterem sollte man ruhig ein bisschen verweilen und die Aussicht genießen. Mit dem riesigen Felsen als Dach finden Wanderer Schutz an einem Picknicktisch mit Sitzgruppe.

Weitere Highlights sind der Saufelsen, der Rappenteichfelsen, der Schweinefelsen und der Kuhfelsen. Überall laden rustikale Sitzgruppen dazu ein, die Seele baumeln zu lassen. Der Karl-May-Felsen im südlichen Teilabschnitt wurde übrigens nach seiner Ähnlichkeit mit der Filmkulisse in Karl-May-Filmen benannt.

Die Bruderfelsen sind ein besonderer Höhepunkt der Wanderung.

Das Wahrzeichen Rodalbens und mit Sicherheit einer der ganz großen Höhepunkte der Felsenwanderung ist der Bruderfelsen. Das Buntsandsteingebilde besteht aus zwei Steinsäulen, die sich berühren und wie Brüder gleichen. Von hier ist nicht nur der Ausblick auf Rodalben sehenswert, auch die kleinen Höhlen am Fuß der Felssäulen sind definitiv einen Besuch wert. Nicht weit entfernt wartet die größte natürliche Buntsandsteinhöhle der Pfalz: die Bärenhöhle im gleichnamigen Bärenfelsen. Tief in der Höhle entspringt eine Quelle mit einem Wasserfall, die als kleines Bächlein bis ins Tal führt. Eine gemütliche Sitzgruppe lädt dazu ein, diese Oase der Ruhe und Erholung in vollen Zügen zu genießen.

Info

Anfahrt: B10 bis Münchweiler/Rodalb, dann L496 und L497 nach Rodalben oder B270 bis Biebermühle, dann am Kreisverkehr L497 nach Rodalben

Parken: je nach Beginn der Wanderung, für „Ersttäter" bietet sich aber der Wanderbahnhof Rodalben an. Von hier beginnt die Teilstrecke mit Bärenhöhle und Bruderfelsen.

Wanderung: 44 Kilometer, insgesamt 13 Stunden, mittelschwer

Einkehr:

- Hilschberghaus: Fichtenstraße 1b, 66976 Rodalben, *pwvhilschberghaus.de*

weitere Einkehrmöglichkeiten entlang des Weges:

- Joggelhütte auf dem Klinkenberg
- „Wandertreff" des Kaninchenzuchtvereins

In Rodalben:

- Theos Risto: Hauptstraße 1, 66976 Rodalben, Tel. 06331 2270159, *theosristo.de*

Unterkunft:

- Zum Schokoladengießer: Hauptstraße 108, 66976 Rodalben, Tel. 06331 17123, *schokoladengiesser.de*

17 Burgruine Gräfenstein

DAS „MERZALBER SCHLOSS“

Hoch oben über dem idyllischen Ferienort Merzalben thront ein ganz besonderes Juwel aus dem 12. Jahrhundert: die Burgruine Gräfenstein. Ein Spaziergang durch die sehr gut erhaltene Ruine gleicht einer Reise durch die Zeit.

Hoch oben auf dem Bergfried

Liebevoll wird die Burgruine Gräfenstein von den Bürgern aus Merzalben auch „Merzalber Schloss" genannt. Die sehr gut erhaltene Ruine aus der Stauferzeit (12. und 13. Jahrhundert) wurde 1237 das erste Mal urkundlich erwähnt und prägt mit ihren mächtigen Mauern noch immer das Landschaftsbild. Gleichzeitig ist sie Namensgeber der Wanderregion Gräfensteiner Land. Wer die imposante Ruine zum ersten Mal besucht, für den wird schon der kurze Aufstieg vom Parkplatz hinauf zur Burg zu einem Abenteuer. Durch dichten Wald, über enge Pfade und Treppenstufen geht es über Stock und Stein bis zum ersten Burgtor. Sofort fühlt man sich in die Zeit der Ritter zurückversetzt und die Erkundung der Anlage kann beginnen. Direkt nach dem zweiten Burgtor befindet sich eine große Informationstafel, anhand derer sich die vielen Mauern und Türme den ehemaligen Stallungen, Innenhöfen und Wohnräumen zuordnen lassen.

Besonders beeindruckend ist der siebeneckigen Bergfried – der einzige seiner Art in ganz Deutschland. Mutige Abenteurer können

Die Ruine ist eine Zeitreise in die Welt der Ritter.

den 17 Meter hohen Turm über eine enge Wendeltreppe besteigen, allerdings ist hier eine Taschenlampe nötig, da die Hälfte des Turms keinerlei Fenster oder Öffnungen besitzt. Nachdem man sich im Stockdunkeln bis nach oben getastet hat, wartet auf der oberen Aussichtsplattform eine einzigartige 360-Grad-Aussicht über den Pfälzerwald. Da die Burgruine ein echter Geheimtipp ist, ist sie am späten Nachmittag oder unter der Woche oft nicht gut besucht, und es besteht schon einmal schnell die Möglichkeit sich ganz einsam oben auf dem Bergfried wie ein alter Burgherr zu fühlen. Jedes Jahr findet zwischen auf der Burgruine ein uriges Mittelalter-Spectaculum statt: Gaukler, Ritter und hübsche Burgfräulein sowie Livemusik, eine Feuershow und viele bunte Marktstände führen zurück ins Mittelalter.

Info

Anfahrt: Von Landau die B10 bis Kaltenbach, von dort die L496 bis Merzalben oder vom Kreuz Landstuhl über die A62 kommend, Abfahrt Thaleischweiler-Fröschen auf die L470, dann B270, L497 und schließlich L496 bis Merzalben. Auf einem Großteil der Strecke ist die Burg ausgeschildert. Fußläufig erreichbar ist die Burgruine vom Parkplatz Schäferei aus in etwa 15 Gehminuten.

Öffnungszeiten: Die Ruine ist ganzjährig geöffnet und frei zugänglich.

Einkehr:

- Gräfensteinhütte: auf dem Wanderweg unterhalb der Burg. Hier gibt es im großen Biergarten oder im Gastraum warme Küche. Mittwoch bis sonntag 11:30 bis 21 Uhr, warmes Essen bis 20 Uhr; Im Hafertal, 66978 Merzalben, Tel. 06395 7845, *pwv-merzalben.de*

Website: *pfalz-info.com/merzalben/burgruine-graefenstein-23208*

Nördlicher Pfälzerwald

Die wildromantische Karlstalschlucht

Nördlicher Pfälzerwald

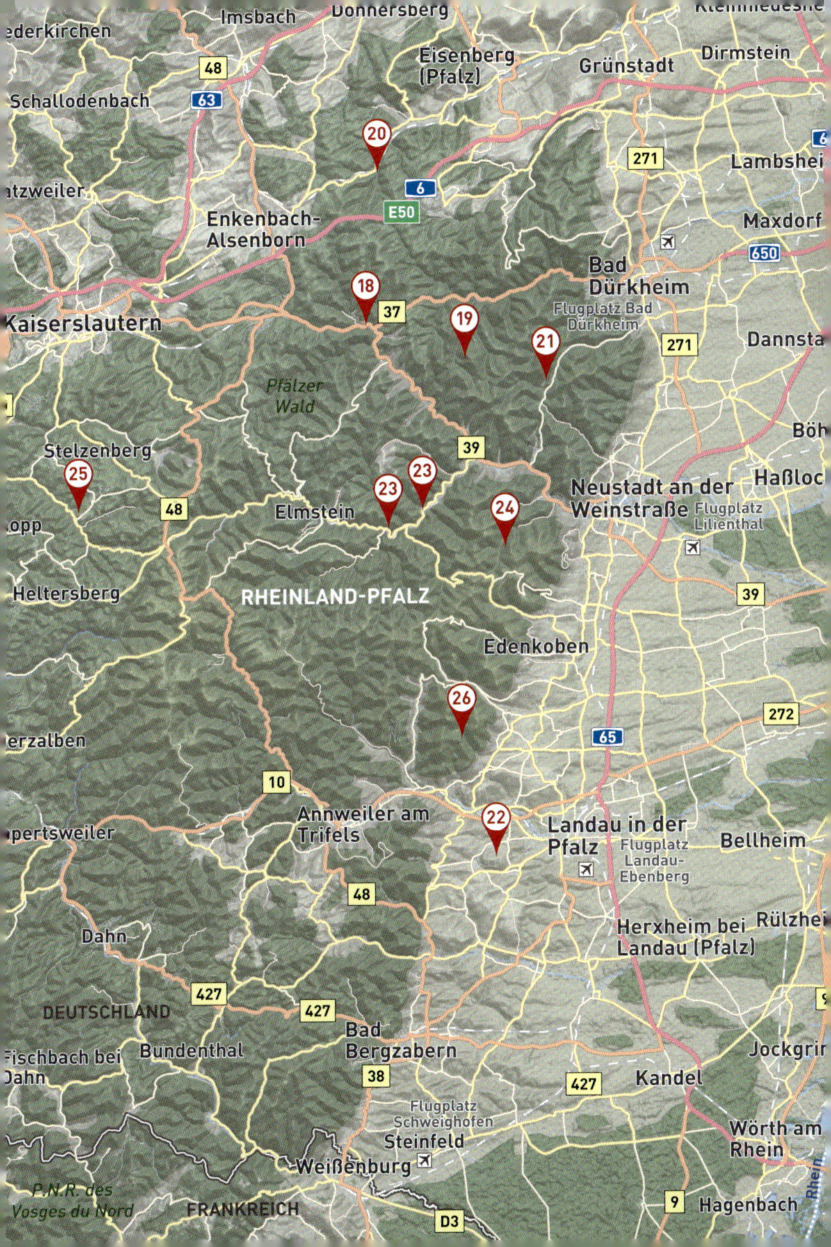
Imsbach
Donnersberg
Eisenberg (Pfalz)
Grünstadt
Dirmstein
48
63
Schallodenbach
20
271
6
E50
Enkenbach-Alsenborn
Maxdorf
650
Bad Dürkheim
18
37
19
Flugplatz Bad Dürkheim
21
271
Kaiserslautern
Pfälzer Wald
39
Stelzenberg
25
23
23
48
Neustadt an der Weinstraße
Flugplatz Lilienthal
24
Elmstein
Heltersberg
RHEINLAND-PFALZ
39
Edenkoben
26
272
65
10
Annweiler am Trifels
22
Landau in der Pfalz
Flugplatz Landau-Ebenberg
Bellheim
48
Dahn
Herxheim bei Landau (Pfalz)
427
427
DEUTSCHLAND
Bad Bergzabern
Bundenthal
Fischbach bei Dahn
38
427
Kandel
Flugplatz Schweighofen
Steinfeld
Weißenburg
P.N.R. des Vosges du Nord
FRANKREICH
D3
9
Hagenbach
Rhein

18 Burgruine Frankenstein

Im nördlichen Pfälzerwald gibt es nicht nur eine kleine Gemeinde namens Frankenstein, sondern auch noch die gleichnamige Burg. Mit dem berühmten Frankenstein-Roman hat die Felsenburg zwar wenig gemeinsam, dennoch ist die gut erhaltene Ruine einen Ausflug wert.

Entstanden ist Burg Frankenstein womöglich irgendwann im 12. Jahrhundert, genaue Daten sind bis heute nicht bekannt. Sicher ist, dass sie ihren berühmten Namen von den damals dort ansässigen Rittern von Frankenstein erhalten hat: Marquard, Friedrich und Helenger. Im Laufe der Jahre wurde die Burg stetig erweitert und wechselte immer wieder den Besitzer. Erstmals in Mitleidenschaft gezogen wurde die prächtige Spornburg bei einem Streit zwischen Kurfürst Friedrich I der Pfalz und dem Grafen Ludwig I von Pfalz-Zweibrücken in der zweiten Hälfte des 15. Jahrhunderts. Während des Deutschen Bauernkrieges 1525 kam es erneut zu Zerstörungen, die Burg wurde unbewohnbar. Dennoch wurde sie aufgrund ihrer sehr guten Lage zwischen Speyer, Worms und Bad Dürkheim weiterhin militärisch genutzt. Im Spanischen Erbfolgekrieg fanden französische Soldaten 1703 in den Ruinen Unterschlupf.

Heute sind von der Burg Frankenstein noch Reste des Bergfrieds erhalten. Auch ein romanischer Flankenturm an der Vorburg hat die vielen Kriege überdauert, genau wie die ehemalige frühgotische Kapelle mit einem Erker. Viele Fensternischen, Kamine und Felsenkammern erinnern an eine längst vergangene Zeit. Besonders eindrucksvoll ist die dreifache Abstufung der Burg, die heute noch gut erkennbar ist. Diese Bauweise war nötig, da auf dem engen Felsengelände nur Platz nach oben vorhanden war und die Burg nicht zu den Seiten hin erweitert werden konnte.

Die majestätischen Überreste der Oberburg erreicht man heute über eine Felsentreppe. Von der Aussichtsplattform ergibt sich ein toller Rundblick über die benachbarten Täler, den Schlossbergtunnel und das Dorf Frankenstein. Bei Restaurierungsmaßnahmen wurden 1988 die Überreste einer Schildmauer freigelegt und die beiden oberen Stockwerke des Saalbaus wieder aufgemauert.

Da die Burgruine nicht zu den bekanntesten Bauwerken der Pfalz gehört, ist sie meist nicht überlaufen und lädt zu einem ruhigen

Die vielen Fensternischen und Erker sind noch sehr gut erhalten.

Picknick oder einer entspannten Erkundungstour ein. Auch Hobbyfotografen finden hier zahlreiche Motive und können sich ganz ohne Menschenmassen ausprobieren. Die Natur hat sich die Burg an vielen Stellen zurückerobert und so wachsen Büsche und Bäume zwischen den roten Sandsteinmauern und ergeben ein schönes Bild. In der Umgebung gibt es viele Spazierwege und Wanderungen, sodass ein Ausflug auf die Burg Frankenstein auch noch verlängert werden kann.

Blick auf Burg Frankenstein

Info

Anfahrt: Burg und Ort Frankenstein liegen direkt an der B37 nahe der A6 bei Kaiserslautern. Die Burg ist aus beiden Richtungen sehr gut zu sehen. Nahe dem westlichen Ende des Eisenbahntunnels, der unter der Burg hindurchgeht, befindet sich der Pfad hoch zur Anlage. Nach knapp fünf Minuten Fußweg erreicht man Burg Frankenstein.

Öffnungszeiten: jederzeit zugänglich

Eintritt: frei

Einkehr:

- Restaurant zum Rathaus: Hauptstraße 123, 67691 Hochspeyer, Tel. 06305 8250, *zumrathaus.de*

Unterkunft:

- Landgasthaus Klosterhof: Klosterhof 1, 67693 Fischbach, Tel. 06305 92140, *klosterhof-pension.de*

HINWEIS: Hunde sind erlaubt

19 Drachenfels

EIN MYSTISCHER ORT IM NORDEN

Bevor es losgeht, heißt es am Parkplatz des Gasthauses Saupferch noch einmal tief durchatmen und Schuhe gut zubinden. Denn um die stolzen 340 Mittelgebirgshöhenmeter bis zum Gipfel des Drachenfels zu erklimmen, bedarf es doch ein klein wenig Kondition. Fortan folgt man immer der Wegmarkierung „Blauer Balken", erst rechts an der Gaststätte vorbei, und nach 300 Metern startet dann der eigentliche Pfad Richtung Gipfel. Zur Motivation: Wer die Felsbänke am Hang entdeckt hat, ist fast am Ziel.

Wer im nördlichen Pfälzerwald auf den Spuren der Nibelungen wandeln will, der ist bei einer Wanderung zum Drachenfels bestens aufgehoben. Mit 571 Metern ist die Erhebung nicht nur der höchste Berg des nördlichen Pfälzerwaldes, sondern auch der einzige große Felsen in diesem Teil der Pfalz.

Der Drachenfels hat zwei Aussichtsplattformen: den Westfels und den Südfels. Die Wanderung führt zuerst am Westfels vorbei, von dem man einen sagenhaften Blick bis zum Donnersberg und zum Potzberg hat, bei gutem Wetter sogar bis in den Hunsrück. Wer den Ausblick in aller Ruhe genossen hat, der macht sich auf zur Überquerung des Gipfelplateaus Richtung Südfels. Nach einer guten Viertelstunde vorbei an verwitterten Sandsteinfelsen und moosbedecktem Fels steht man auf dem lang gestreckten, überhängenden Südfels. Auch hier – nicht verwunderlich – ist der Blick über die Gipfelparade des Pfälzerwaldes mehr als

Südfels

atemberaubend. Bei Sonnenschein heizt sich das flache Gestein schnell auf und eine Rast in der Mittagssonne darf hier nicht zu kurz kommen. Der gesamte Bergrücken ist als Naturschutzgebiet ausgezeichnet, sodass Lagerfeuer und Übernachten unterm Sternenhimmel hier leider verboten ist. Auch hoch zu Ross, mit dem Mountainbike oder anderen Zweirädern darf der Pfad zum

Westfels

Drachenfels nicht erklommen werden. Hier stehen die Natur und der immer dichter werdende Urwald an erster Stelle.

Doch wer denkt, der Drachenfels hat nur die beiden Aussichtsplattformen zu bieten, der irrt. Über eine versteckte Treppe, die nicht einfach zu finden ist, geht es Sandsteinstufen hinab in das Herz der Legende: die Drachenkammer und die Drachenhöhle. Hier soll einst der Drache aus der Nibelungensage gehaust haben. Und noch mehr: War hier etwa sogar der Schauplatz von Siegfrieds Kampf gegen den Drachen? Der Friedrichsbrunnen ganz am Fuß des Berges wurde im Volksmund sogar schon Siegfriedsbrunnen getauft. Wer den mystischen Ort hat wirken lassen, der folgt dem Pfad hinunter bis zur Kreuzung und macht sich dann auf den Weg (blau-weißer Balken) Richtung Waldhaus Lambertskreuz. Hier warten deftige Pfälzer Küche und ein großer Spielplatz mit Biergarten zur Einkehr.

Info

Anfahrt: Von der B 37 aus Richtung Kaiserslautern kommend 15 Kilometer auf der Hauptstraße (B37) fahren, links abbiegen auf Dürkheimer Straße Richtung Bad Dürkheim. Nach sechs Kilometern rechts abbiegen Richtung Saupferch.

Parken: Parkplatz Saupferch

Wanderung: zehn Kilometer, drei Stunden, mittelschwer

Einkehr:

- Waldhaus Lambertskreuz: im Sommer Mittwoch bis Sonntag 11 bis 18 Uhr, Tel. 06321 188847, *hallo@lambertskreuz.eu*, *lambertskreuz.eu*

Unterkunft:

- Kurpark Hotel: Schlossplatz 1-4, 67098 Bad Dürkheim, Tel. 06322 7970, *kurpark-hotel.de*

20 Der Eiswoog bei Ramsen:

ZWISCHEN BADESPASS, MAJESTÄTISCHER ARCHITEKTUR UND EINER FAHRT MIT DER SCHMALSPURBAHN

Ganz im Norden des Pfälzerwaldes gibt es gleich drei spannende Attraktionen direkt nebeneinander: den idyllischen Eiswoog, die romantische Stumpfwald-Schmalspurbahn und die längste und höchste Eisenbahnbrücke der Pfalz, das Eistal-Viadukt.

Spiegelglattes Wasser auf dem Eiswoog

Obwohl es im Pfälzerwald um die 1000 Wooge gibt, ist kaum einer dieser Seen tatsächlich auf natürlichem Wege entstanden. Stattdessen hatten fast immer die Menschen ihre Finger im Spiel. Mit einer der größten Wasserflächen von knapp drei Hektar zählt der Eiswoog zu den größten Seen in der Pfalz. Mitten im Stumpfwald wurde der Woog bereits im Mittelalter von den Nonnen eines nahe gelegenen Klosters angelegt, die den Eisbach als Fischweiher aufstauten. Im 17. Jahrhundert ging er in den Besitz der Familie von Gienanth über, die die Wasserkraft zur Blütezeit der Eisenindustrie nutzte. Heute steht auf der Staumauer des einstigen Wasserspeichers das Hotel Haeckenhaus und das Seehaus Forelle, beides noch immer von Nachfahren der Gienanth-Familie bewirtschaftet. Hier kann man, wie der Name schon erahnen lässt, ganz wunderbar frische Forelle kosten, die in einem der 14 Fischteiche unterhalb des Damms gezüchtet werden.

Heute wird der Eiswoog an heißen Sommertagen am liebsten zum Baden genutzt. Es gibt eine Liegewiese und am Bootssteg ist das Wasser flach abfallend. Eine Kneipp-Tretanlage sorgt für die nötige Erfrischung. Außerdem können Ausflügler Ruder- und Tretboote mieten und den idyllischen Waldsee so noch besser

Hier fährt nichts mehr: das Eistal-Viadukt

erkunden. Wer Glück hat, kann heimische Flusskrebse oder sogar den selten gewordenen Eisvogel beobachten.

Rund um den See führt ein drei Kilometer langer Wanderweg, der zu allen Jahreszeiten seine Reize hat. Der Weg wurde als barrierefreier Naturerlebnispfad angelegt, sodass auch Rollstuhlfahrer und Familien mit Kinderwagen die Umgebung erkunden können. Es gibt eine Aussichtsplattform, ebene Uferzugänge und sogar einen Lift am Bootssteg, über den in ein speziell angefertigtes Boot eingestiegen werden kann.

Wer an einem Sonn- oder Feiertag dem Eiswoog einen Besuch abstattet, der sollte unbedingt auf einer Fahrt mit der nostalgischen Stumpfwaldbahn durch das Eisbachtal rattern. Von Ostern bis Oktober pendelt die historische Schmalspurbahn zwischen Ramsen und dem Eiswoog hin und her, vorbei an bunten Blumenwiesen, grasenden Kühen und schließlich mitten durch den dichten Stumpfwald.

Nicht mehr in Betrieb, aber genauso eindrucksvoll ist das Eistal-Viadukt. 1931 erbaut ist die mit 271 Metern Länge höchste Eisenbahnbrücke der Pfalz heute nur noch ein architektonischer Hingucker. Bereits seit 1988 fährt in luftigen 35 Metern Höhe keine Eisenbahn mehr, dennoch ist das Stahlfachwerk noch immer schön anzusehen.

Info

Anfahrt: A6 von Kaiserslautern bis Ausfahrt Enkenbach-Alsenborn, weiter auf der B48 nach Alsenborn, rechts abbiegen auf die L 395

Parken: Parkplatz Eiswoog an der L395, 67305 Ramsen, zwischen Enkenbach-Alsenborn und Ramsen

Aktivitäten:

- Stumpfwaldbahn: zwischen Ramsen und dem Eiswoog; Sonn- und Feiertag 10 bis 18 Uhr; Gäste können ihr Auto direkt auf dem Parkplatz an der Stumpfwaldbahn abstellen; Hin- und Rückfahrt 5 EUR, Kinder 3 bis 14 Jahre 3,50 EUR; *stumpfwaldbahn.de*

Einkehr und Unterkunft:

- Seehaus Forelle: Eiswoog 1, 67304 Ramsen, Tel. 06356 60880, *seehaus-forelle.de*

HINWEISE:

- Baden ist am Eiswoog kostenfrei erlaubt.
- Keine Umkleidemöglichkeit vor Ort, WC am Parkplatz

21 Kurpfalz-Park Wachenheim

WO DAS WUTZEL REGIERT

Inmitten von dichtbewachsenen Wäldern bietet der Kurpfalz-Park im Pfälzerwald nahe Wachenheim eine aufregende Mischung aus Tierpark und Freizeitpark. Egal ob beim Beobachten von majestätischen Rothirschen, bei der eindrucksvollen Wolfsschau oder auf der rasanten Sommerrodelbahn – im Kurpfalz-Park kommen Groß und Klein auf ihre Kosten.

Gleich zu Beginn begrüßt das Wutzel, der pfälzische Begriff für Schweinchen, die Besucher am Eingang. Das kostümierte Wildschwein ist das Maskottchen des Parks und taucht bei einem Rundgang immer wieder auf. Wer will, kann sich nach einem ersten Abstecher bei Hasen und Ziegen gleich rasant ins Rutschenparadies stürzen. Besonders aufregend ist die Freifallrutsche mit einer Länge von fast 40 Metern. Doch auch die Wellenrutsche und die geschlossene Röhre sorgen für einen Adrenalinkick.

Wutzel begrüßt alle Besucher.

Im ganzen Park gibt es eine große Auswahl an abenteuerlichen Angeboten. Auf die kleinen Besucher wartet ein Spielplatz auf vier Ebenen mit Burg, Piratennest und einem großen Piratenschiff. In der Kletterspielanlage Kinderland kann genauso nach Herzenslust getobt, geschaukelt und geklettert werden wie auf dem Riesen-Abenteuerspielplatz. Wer es dagegen etwas ruhiger mag, der kann ganz entspannt in einem der Schwanen-Tretboote Platz nehmen und über den See gleiten. Gleich nebenan gibt es die „Bumperboats", mit denen kreuz und quer über die Wasseroberfläche gedüst werden kann. Doch damit nicht genug, denn es warten sowohl ein Kettenkarussell als auch eine Sommerrodelbahn, der Kurpfalz-Coaster, ein Schwebesessellift, ein Puppentheater und ein 1200 Quadratmeter großer Irrgarten auf die Besucher.

Riesengaudi mit den „Bumperboats"

Na, wer schaut denn da so neugierig?

Doch zwischen Achterbahn und Tretboot-Fahrt kommt auch die Natur im Kurpfalz-Park nicht zu kurz. Ein ganz besonderes Highlight sind die beiden Tiershows. Am Mittag findet eine Wolfsshow statt, bei der man den eindrucksvollen Tieren nicht nur sehr nahe kommen kann, sondern auch mit vielen spannenden Informationen rund um ihr Verhalten und ihren Lebensraum versorgt wird. Ähnlich aufregend wird es bei der Greifvogelshow. Die Falken und Adler ziehen erst hoch über dem Publikum ihre Kreise und stürzen sich dann mit einer waghalsigen Geschwindigkeit wieder Richtung Erde. Besonders für kleine Harry-Potter-Fans ist die elegante Uhu-Dame sehenswert, die sich über ein paar zarte Streicheleinheiten freut.

Die Greifvögel sind ein Highlight.

Neben einem interessanten Waldlehrpfad und einer Wissensecke, in der alles über die Geweihe von Hirsch und Co. erklärt wird, können noch Wildscheine, Mufflons, Luchse, Rothirsche und Waschbären in ihrer natürlichen Umgebung betrachtet werden. So wird schon bei den Jüngsten die Begeisterung zur heimischen Natur geweckt. Und werden die Füße einmal zu schwer, lohnt sich eine Fahrt im Kurpfalz-Express. Die kleine Bahn fährt in 30 Minuten einmal durch den ganzen Park.

Info

Adresse:
Rotsteig, 67157 Wachenheim a. d. Weinstraße, Tel. 06325 3760171, *info@kurpfalz-park.de*

Anfahrt:

- Von Karlsruhe über die A65 Abfahrt Neustadt-Weinstraße/ Lambrecht, danach folgen Sie den Hinweisschildern
- Von Mainz/Wiesbaden über die A61 bis Kreuz Ludwigshafen, dann über die B37/B271 Richtung Bad Dürkheim und weiter gemäß der Ausschilderung
- Von Kaiserslautern über die B39 bis Abzweigung Lindenberg
- Von Mannheim/Heidelberg über B37/A650 bis Bad Dürkheim und weiter gemäß der Ausschilderung

Öffnungszeiten: Die Öffnungszeiten sind saisonabhängig und werden auf der Homepage aktualisiert.

Eintritt: 18 EUR, Kinder ab 4 Jahre 16 Euro; nur Barzahlung möglich!

Einkehr:

- Für den kleinen Hunger gibt es eine Imbiss-Station. Außerdem sind zahlreiche Rastplätze vorhanden, Essen kann selbst mitgebracht werden, Grillplatz kann angemietet werden.
- Forsthaus Rotsteig mit Seeterrasse und Biergarten, direkt am Park

Website: *kurpfalz-park.de*

HINWEIS: Hunde dürfen an der Leine mitgeführt werden und sind überall erlaubt, außer bei der Greifvogelshow, auf den Spielplätzen und in den Fahrgeschäften.

22 Die schönste Weinsicht 2020

GEMÜTLICHE WANDERUNG ZUR KLEINEN KALMIT

Ganz nah beim Ferienort Ilbesheim im Osten des Pfälzerwaldes erhebt sich mit 271 Metern die Kleine Kalmit über das Rebenmeer und bietet einen wunderschönen Ausblick über die Rheinebene, die Deutsche Weinstraße und die umliegenden Weindörfer. Bei gutem Wetter reicht die Aussicht bis nach Ludwigshafen, Landau und den Odenwald. Der Name „Kleine Kalmit" stammt vom lateinischen Begriff „calvus mons", was übersetzt „kahler Berg" bedeutet. Die Erhöhung entstand vor 30 Millionen Jahren bei der Absenkung des Rheingrabens als Ablagerung von Muschelkalk. Der weißgraue Tertiärkalk ist heute von einer dünnen Humusschicht bedeckt. Durch den nährstoffreichen Boden ist eine besondere Flora und Fauna entstanden, die die Kleine Kalmit zum Naturschutzgebiet werden ließ. Hier gedeihen unter anderem verschiedene Orchideenarten und die seltene Küchenschelle prächtig. Auch viele Spinnen- und seltene Schmetterlingsarten wie der Schwalbenschwanz und der Admiral finden hier ihren Lebensraum.

Ein kleiner Hügel, umgeben von einem Meer aus Weinbergen. Auf dem Gipfel thront schon weit sichtbar eine weiße Kapelle. Die „Kleine Kalmit" ist nicht nur die höchste Erhebung der Rheinebene, sondern wurde auch zur „Schönsten Weinsicht 2020" ernannt. Und das völlig zu Recht.

Hier schmeckt die Brotzeit doch am besten.

Die Stimmung bei Sonnenuntergang ist einmalig.

Im Mittelalter galt die Kleine Kalmit als Wetterberg und Heimat der Wetterhexen. Es gab regelmäßig Prozessionen hoch zum Gipfelkreuz, um dort für gutes Wetter zu beten. Besonders bei Sonnenauf- und -untergang ist der kleine Hügel ein wahrhaft mystischer Ort. Dass hier einmal Hexen ihre Tänze und Zauberrituale durchführten, wird fast spürbar. Versuchen Sie doch auch einmal Ihr Glück und bitten um wundervollen Sonnenschein.

Die Kleine Kalmit kann ganz gemütlich auf einem Rundwanderweg besucht werden. Los geht es am Rathaus in Ilbesheim in die gegenüberliegende Kalmitgasse durch den Ortskern entlang der braunen Wegmarkierung Nummer 1. An der zweiten Straße biegt der Weg rechts ab in die Frühmeß-Straße (für einen steilen Aufstieg die Frühmeß-Straße überqueren und den gegenüberliegenden Weg nehmen). Die Straße führt aus dem Ort Richtung Osten hinaus in die Weinberge bis hoch zur Kleinen Kalmit. Schon von Weitem gut sichtbar ist das Wahrzeichen der Region: die Mater-Dolorosa-Kapelle. 1851 wurde sie von einem Pfarrer der Nachbargemeinde Arzheim zum „Troste der Armen Seelen“ errichtet.

Auf der Kleine Kalmit angekommen gibt es zahlreiche Picknick- und Ruhebänke direkt an der Kapelle, unter den Lindenbäumen oder am historischen Kalmitwingert. Im Hochsommer und zur Ferienzeit sollten Sie unbedingt eine eigene Picknickdecke einpacken, um gegebenenfalls noch ein ruhigeres Plätzchen etwas abseits für sich zu entdecken. Auf dem Rückweg bietet sich für Kinder noch ein Abstecher in die alla hopp!-Anlage an – ein Bewegungsparcours und Abenteuerspielplatz.

Die Tour ist eine leicht zu begehende Runde durch die Weinberge auf überwiegend befestigten Wegen. Auf dem Bergrücken und beim Abstieg ist der Weg geschottert und naturbelassen und daher eingeschränkt kinderwagengeeignet, aber durchaus machbar.

Die Kapelle auf der Kleinen Kalmit

Info

Anfahrt: Auf der Autobahn A65 die Ausfahrt Landau-Nord nehmen und auf die B10 Richtung Annweiler fahren. Die B10 bei der Abfahrt LD-Godramstein/LD-Arzheim verlassen und der Beschilderung Richtung Arzheim folgen. Arzheim durchqueren und der Beschilderung nach Ilbesheim folgen.

Parken: In der Bachgasse, ca. 100 Meter vom Startpunkt entfernt, stehen einige kostenfreie Parkplätze zur Verfügung.

Wanderung: drei Kilometer, 50 Minuten, leicht

Einkehr:

- Weinstube Brennofen: Wildgasse 5, 76831 Ilbesheim, Tel. 06341 32215, *mein-brennofen.de*

HINWEIS: Rund um die Kleine Kalmit findet jedes Jahr Ende Juli das Kalmitfest statt.

23 Drei-Burgenweg bei Erfenstein

SAGENUMWOBENE WANDERUNG AUF HISTORISCHEN SPUREN

Wie die Bezeichnung der Burgen schon vermuten lässt, geht es auf der Wanderung hoch hinaus – ohne jedoch zu anstrengend zu werden. Los geht es am behauenen Sandsteinblock an der Bushaltestelle Schlossschänke in Erfenstein. Der Burgenweg ist jederzeit gut ausgeschildert und am Wegesrand markiert. Nach der Durchquerung des Schankentals ist auch schon das erste Etappenziel erreicht: Burgruine Erfenstein. Das Burgplateau weist heute nur noch ein paar wenige Grundmauern auf, der Bergfried steht auf einem sieben Meter hohen Felsturm. Die gesamte Burg stammt aus der Zeit von 1380 und wurde auf einem Felsvorsprung gebaut. Von hier hat man bereits einen schönen Blick auf die gegenüberliegende Burg Spangenberg. Seit vielen Jahren rankt sich um die beiden Burgen eine besondere Sage. Einstmals soll es zwischen der links am Ufer des Speyerbachs liegenden Burg Erfenstein und der rechts gelegenen Burg Spangenberg eine lederne Brücke gegeben haben, die das Tal überspannte. Den Bau der Brücke veranlassten die beiden Burgherren, die gleichermaßen gute Freunde waren, sodass sie bei

Die Hauptdarsteller dieser Rundwanderung sind drei sogenannte Höhenburgen – Erfenstein, Breitenstein und Spangenberg. Aufgrund ihrer Lage auf hohen Felsen sind bei der Erkundung grandiose Aussichten über den Pfälzerwald garantiert.

Die mittelalterliche Burg Spangenberg

ihren regelmäßigen Besuchen den beschwerlichen Weg durch das sumpfige Tal umgehen konnten. Viele Jahre hielt die Freundschaft, bevor die beiden Männer nach einer durchzechten Nacht in einen heftigen Streit gerieten. Als der Erfensteiner sich über die Brücke auf den Heimweg machte, soll er lautstark verkündet haben: „Niemals werde ich zurückkommen!" Daraufhin brüllte ihm der Spangenberger hinterher: „Das brauchst du nicht, dafür werde ich schon sorgen!". Mit einem Schwer kappte er die Halteriemen der Brücke und sein ehemals bester Freund stürzte in die Tiefe. Ab diesem Tag galten die beiden Burgen als verfeindet. Doch bevor es zu Fuß und auf sicherem Terrain Richtung Spangenberg geht, führt die Wanderung nach einem leichten Berganstieg auf teilweise steilen Schotterwegen zu einem anderen Steinkoloss: Burgruine Breitenstein. Die Ruinenreste thronen auf einem 220 Meter hohen Steilhang, von der einstigen Vorburg und dem Wohnturm sind nur noch wenige Überreste erhalten.

Nach der Besichtigung geht es über den Forstweg Richtung Totenkopfstraße zurück ins Tal zur Burg Spangenberg, die auf

Der Bergfried von Burg Erfenstein

einem steil hervorragenden Felskeil erbaut wurde. Sie ist die einzige Burgruine der Wanderung, die teilrekonstruiert wurde, und das markanteste Wahrzeichen des Tales. Bereits 1100 wurde sie erstmals urkundlich erwähnt und nach ihrer Zerstörung 1480 wiedererrichtet. Seit dem Dreißigjährigen Krieg ist sie eine Ruine. Erhalten sind heute bedeutende Teile des Torbaus vor der Hauptburg und Teile der Zwingmauern. Der Sage nach wurde sie vom „Wilden Kaspar" erbaut, der, um die Existenz und Lage der Burg geheim zu halten, nach ihrer Fertigstellung sämtliche Handwerker während eines großen Festmahls umbringen ließ. Apropos Festmahl: In der Burgschänke kann sich nach der ausgiebigen Wanderung gestärkt werden, bevor es über den Alten Burgweg wieder zurück zum Ausgangspunkt geht.

Info

Anfahrt: A65 bis Ausfahrt Neustadt a. d. Weinstraße/Nord, auf der B38 oder Neustadt/Süd auf der B39 über Lambrecht (Pfalz) nach Frankeneck, weiter Richtung Elmstein bis nach Erfenstein. Mit dem Zug nach Lambrecht (Pfalz) Bahnhof, weiter mit dem Bus zur Haltestelle Laubscher, Esthal-Erfenstein, ab da kurzer Fußweg. An Sonn- und Feiertagen im Sommer mit dem historischen „Kuckucksbähnel" von Neustadt a. d. Weinstraße

Parken: Parkplatz unterhalb der Burg Spangenberg

Wanderung: sieben Kilometer, Dauer: 2,5 bis drei Stunden, je nach Besichtigung der einzelnen Burgen, leicht bis mittelschwer

Websites:

- *burgenarchiv.de/burg_erfenstein_in_rheinland-pfalz*
- *burgenarchiv.de/burg_spangenberg_in_rheinland-pfalz*
- *burg-spangenberg.de*
- *burgenarchiv.de/burg_breitenstein_in_rheinland-pfalz*

24 Wanderung zur Hellerhütte

EINE KULINARISCHE PERLE MITTEN IM PFÄLZERWALD

Mitten im Herzen der Pfalz liegt die traditionsreiche Hellerhütte. Hier gibt es nicht nur die besten Pfälzer Spezialitäten wie Saumagen und Leberknödel, sondern auch die typische Pfälzer Geselligkeit. Besonders am Wochenende und bei gutem Wetter ist hier einiges los.

Viele Wege führen nach Rom – und so wie es scheint noch viele mehr zur Hellerhütte. Denn die urige Waldhütte ist der Mittelpunkt eines riesigen Wandergebietes zwischen Neustadt im Norden und dem Totenkopftal im Süden. Ganze sieben Wanderwege aus der Umgebung kreuzen sich hier, und so treffen sich Ausflügler aller Altersklassen und zu jeder Jahreszeit im urigen Holzbau oder dem großen Biergarten. Erbaut wurde die Hellerhütte bereits 1903 – als einfacher Holzbau. Doch schon bald wuchs die Nachfrage immer mehr und die Hütte wurde zehn Jahre später durch einen Massivbau ersetzt. Doch nicht nur wegen ihrer zentralen Lage, auch dank ihrer köstlichen Pfälzer Küche ist die Hellerhütte bei Wanderern beliebt und bekannt. Vom Saumagen über Dampfnudeln bis hin zu Leberknödeln gibt es alles, was das kulinarische Herz begehrt. Auch Kaffee und Kuchen, abwechselnde Tagesgerichte, Wein in Hülle und Fülle und sogar ein vegetarisches Angebot locken immer mehr Besucher hierher. Neben dem großen Haupt- und Nebenhaus gibt es einen gemütlichen Grillplatz und einen spannenden Abenteuerspielplatz für die kleinen Wanderer.

Normalerweise geht es hier nicht so ruhig zu …

Die Hellerhütte ist bei jedem Wetter ein beliebtes Ziel.

Große Bekanntheit erlangte die Hellerhütte durch ein Attentat in der Silvesternacht 1960/61. Damals trieb die berüchtigte Kimmel-Bande in der Pfalz ihr Unwesen und überfiel zum Jahreswechsel die abgelegene Hütte im Wald. Dabei wurde der damalige Hüttenwart Karl Wertz erschossen. Zur Erinnerung an den Mord wurde in der Nähe der Hütte ein Gedenkstein aufgestellt.

Wer auf direktem Wege zur Hellerhütte gelangen möchte, der ist am schnellsten vom Startpunkt am Wanderparkplatz bei der Totenkopfhütte unterwegs. Alternativ gibt es längere Wanderungen von Neustadt aus über das Kaltenbrunner Tal und das Finstertal oder von Breitenstein aus über das Argenbachtal. Auch von Lambrecht aus führt eine Strecke über die Berge Hoher Kopf, Kaisergarten und den Überzwerchberg, und von Erfenstein aus geht es über das Höllischtal oder den Kropfsberg zur Hellerhütte. Die Möglichkeiten sind schier unendlich.

Wer vom Wanderparkplatz bei der Totenkopfhütte startet, der folgt der blau-gelben Markierung. Hier gibt es zwei Möglichkeiten: den kinderwagenfreundlichen Fahrweg oder den schmalen, aber wunderbar abwechslungsreichen Abenteuerweg, der aber auch für die kleinen Wanderer einfach zu bezwingen ist. Auch im Winter, wenn der Schnee unter den Stiefeln knarzt, sind die kurzen zwei Kilometer bis zur Hütte ein Highlight. Wer nicht den gleichen Weg zurückgehen möchte, kann sich für den Rundweg über Erfenstein und die Burg Spangenberg entscheiden. Dafür folgt man ganz einfach der rot-weißen Markierung und wandert idyllisch teils auf einem breiten Waldweg, teils auf schmalen Pfaden durch das Höllischtal bis nach Erfenstein. Links wartet dann der 15-minütige Aufstieg zur Burg Spangenberg, bevor es zurück zum Parkplatz an der Totenkopfhütte geht.

Info

Anfahrt: Von Sankt Martin über die Totenkopfstraße bis rechter Hand die Totenkopfhütte auftaucht

Parken: Parkplatz Totenkopfhütte, 67434 Neustadt an der Weinstraße

Wanderung:

- Strecke Totenkopfhütte–Hellerhütte: zwei Kilometer, 45 Minuten, leicht
- Kompletter Rundweg über Erfenstein: elf Kilometer, drei Stunden, leicht

Öffnungszeiten Hellerhütte: Mittwoch bis Sonntag, Feiertag 11 Uhr bis 17 Uhr; Tel. 06321 14818

Unterkunft:

- Steinhäuser Hof: Rathausstraße 6a, 67433 Neustadt a. d. Weinstraße, Tel. 06321 489060, *steinhaeuserhof.de*

Website: *hellerplatzhaus.de*

HINWEISE:

- Besonders am Wochenende kann es in der Hütte recht voll werden. Größere Gruppen sollten vorab telefonisch reservieren.
- Keine Übernachtungsmöglichkeiten in der Hellerhütte
- Hunde sind herzlich willkommen.

25 Karlstalschlucht bei Trippstadt

DIE SCHÖNSTE PFÄLZISCHE KLAMM

Mitten im Pfälzerwald gelegen entführt die wildromantische Karlstalschlucht in eine andere Welt. Geprägt von teils mächtigen Gesteinstrümmern aus Buntsandstein führt ein kleiner Pfad entlang des munteren Bachlaufs der Moosalb, der mit vielen kleinen Wasserfällen und Brücken seine Besucher verzaubert.

Mystisch plätschert die Moosalb durch die Klamm.

Die weitgehend naturbelassene Karlstalschlucht misst rund drei Kilometer und ist seit 1983 Naturschutzgebiet. Hier finden sich neben den eindrucksvollen Sandsteinfelsen und den Blockhalden auch alle im Pfälzerwald vorkommenden 170 Farnarten in der reichen Moosflora. Heute gilt die idyllische Felsenschlucht, die von der Mossalb durchflossen wird, als eines der schönsten Wanderziele im gesamten Pfälzerwald – oder sogar als der schönste Wanderkilometer überhaupt.

Um das Jahr 1790 wurde kein geringerer als der führende kurpfälzisch-bayerische Gartenbaumeister Friedrich Ludwig von Sckell mit der Umgestaltung und Erweiterung des Trippstadter Schlossgartens beauftragt. So sollte aus dem Garten ein Landschaftspark im englischen Stil und aus der Karlstalschlucht ein Spazierweg und ein Waldpark entstehen. Der Gartenbaumeister, der übrigens auch den berühmten Englischen Garten in München gestaltete, schrieb damals über das Karlstal: „Eines der schönsten Täler, die ich in dieser Art gesehen habe." Friedrich Ludwig von Sckell verwandelte die Schlucht in eine märchenhafte Landschaft, ohne viel von ihrem natürlichen Ursprung zu verändern.

Der schmale Pfad führt direkt am Bach entlang. Hier plätschert das Wasser über Stock und Stein, bahnt sich gurgelnd den Weg an Felsbrocken entlang und lässt heruntergefallene Äste und Blätter wie kleine Boote über die Wellen tanzen. An Sonnentagen bahnt sich das Licht seinen Weg durch das dichte Buchendach und lässt den Wasserlauf glitzern. Immer wieder führt der Weg über kleine Brücken, im Zentrum wurde ein Pavillon aus Holz angelegt. Der wurde zwar inzwischen erneuert, hat aber nach wie vor nichts von seinem ursprünglichen Charme verloren. Das moosbewachsene Kuppeldach und die kleine Brücke direkt vor der imposanten Waldkulisse sind heute ein beliebtes Fotomotiv. Hier lässt sich die Wildbachstimmung mit allen Sinnen genießen.

Die Sonne glitzert im Wasserlauf.

Die Karlstalschlucht ist zu allen Jahreszeiten empfehlenswert, bei gutem Wetter und am Wochenende allerdings durchaus gut besucht. Hier bietet sich ein Spaziergang in den frühen Morgenstunden oder am Abend an, wenn die meisten Besucher bereits den Heimweg angetreten haben. Im Sommer kann man unter dem dichten Blätterdach Schutz vor der heißen Sonne finden und an ganz heißen Tagen die Füße in der Moosalb kühlen. Ist im Winter der erste Schnee gefallen, geht vom Pavillon und den vielen kleinen Brücken ein ganz besonderer Zauber aus.

Im Herbst leuchtet das Blätterdach gelbgold.

Ein beliebter Ausgangspunkt für die insgesamt drei Kilometer lange Strecke durch das gesamte Karlstal ist die Wilensteiner Mühle. Am Mühlenteich vorbei erreicht man über eine Brücke einen markierten Zugangsweg. Neben dem Spaziergang durch die Schlucht entfalten sich hier zahlreiche weitere Wandermöglichkeiten mit herrlichen Naturerlebnissen.

Info

Anfahrt, Parken und Einkehr:
Klug'sche Mühle (Wilensteiner Mühle): Karlstalstraße 1, 67705 Trippstadt, Tel. 06306 312, *info@klugsche-muehle.de*, *klugsche-muehle.de*

Unterkunft:

- Landgasthof und Hotel Zum Schwan: Gasthof aus dem Jahr 1726 mit einfachen Zimmern, Gratis-Frühstück und einem Restaurant mit Gartenbereich; Kaiserslauterer Straße 4, 67705 Trippstadt, Tel. 06306 92130, *schwan-trippstadt.de*

26 Die historische Walddusche

IM HAINBACHTAL BEI GLEISWEILER

Eine ungewöhnliche Erfrischung erwartet erschöpfte Wanderer mitten im Wald bei Gleisweiler. Hier findet sich die einzige historische, noch existierende Walddusche Deutschlands. Kaltduscher kommen hier auf ihre Kosten.

Im Jahr 1844 eröffnete Dr. Ludwig Schneider seine Kaltwasserheilanstalt im Hainbachtal, um Patienten mit chronischen Krankheiten zu behandeln. Vier Jahre später entstand mitten im Wald die historische Walddusche als externer Bestandteil. Jeden Tag wurden die Patienten mit der Pferdekutsche hergebracht und nach der Behandlung auch wieder abgeholt. Je nach Krankheit konnten in der Dusche unterschiedliche Anwendungen wie das Sturzbad, das Wellenbad oder die reine Dusche praktiziert werden. So wurde das Immunsystem gestärkt, die Widerstandsfähigkeit gegen die Kälte ausgebaut und die Produktion der eigenen Körperwärme angeregt. Eines hatten alle Wassererlebnisse gemeinsam: Sie waren sehr kalt, denn das Wasser aus dem Hainbach, das die Dusche speist, hat ganzjährig nur etwa elf bis zwölf Grad.

Eine mutige Bademeisterin nahm den Patienten jeden Morgen die Angst vor dem eisigen Wasser, in dem sie immer als erste unter die Dusche ging.

Nachdem die Dusche bis 1878 in Betrieb war, wurde sie nach dem Tod von Dr. Schneider schließlich geschlossen, und die Natur nahm sich das aus Buntsandstein erbaute Badezimmer zurück. Durch mehrere Erdrutsche wurde die Dusche vollständig verschüttet und geriet in Vergessenheit. Erst durch einen Zufall wurde im Sommer 1990 die Wasserzuführung wiederentdeckt und unter der Leitung des damaligen Ortsbürgermeisters Josef Götz mithilfe von Freiwilligen ausgegraben. Nach fünf Jahren der fachkundigen Restauration konnte die historische Walddusche 1996 wieder in Betrieb genommen werden.

Heute führt eine 80 Meter lange Werksteinrinne das Wasser des Hainbachs herbei. Der starke Strahl stürzt drei Meter in die Tiefe und trifft das linke Becken, während das rechte Becken als Wellenbad und 40 Zentimeter tiefes Tretbecken ausgelegt ist. So können sich sowohl mutige Kaltduscher erfrischen als auch Kneipp-Freunde die Beine vertreten, ohne sich gleich vollstän-

Na, wer traut sich unter die eiskalte Erfrischung?

dig in die kühlen Fluten zu stürzen. Weil das gebrauchte Wasser wieder vom nahe gelegenen Hainbach aufgenommen wird, ist es selbstverständlich, dass auf Shampoo, Seife und ähnliche Waschutensilien verzichtet werden sollte.

Hier warten elf Grad Wassertemperatur.

Die Nutzung der Anlage ist kostenlos und ganzjährig geöffnet. Nur bei andauerndem Frost ist kein Duschen möglich, dann ist der Wasserstrahl aber meist sowieso bereits zu einem riesigen Eiszapfen gefroren. Direkt nebenan gibt es eine kleine Schutzhütte mit Sitzbänken, und auch eine Umkleide ist vorhanden. Nur die Handtücher sollte man besser nicht vergessen.

Besonders interessant: Die damals sehr moderne Kaltwasser-Heilanstalt von Dr. Schneider existiert heute noch immer – als Privatklinik Bad Gleisweiler.

Info

Anfahrt: Startpunkt ist der Wanderparkplatz in Gleisweiler, von hier sind es nur etwa 20 Minuten zu Fuß zur Walddusche; Lindenallee 14, 76835 Gleisweiler

Einkehr:

- Don Camillo e Peppone Restaurant: Weinstraße 21A, 76835 Gleisweiler, Tel. 06345 942257, *doncamilloepeppone-gleisweiler.de*

HINWEIS: Der Besuch der Historischen Walddusche kann auch sehr gut mit einer Wanderung zur Burgruine Neuscharfeneck verbunden werden.

KÖNIG

Südliche Weinstraße

Die Theresienstraße in Rhodt unter Rietburg

Südliche Weinstraße

27. Südpfalz Therme in Bad Bergzabern: heilender Kurzurlaub
28. Dörrenbach: das Dornröschen der Pfalz
29. Reptilium Terrarien- und Wüstenzoo Landau: wo die wilden Tiere wohnen
30. Romantisches Rhodt unter Rietburg und Schlosshotel Edesheim
31. Der Wild- und Wanderpark bei Silz: Naturerlebnis für die ganze Familie
32. Waldgeisterweg Oberotterbach: eine spannende Geisterjagd durch den Wald
33. Burgruine Neuscharfeneck: Filmkulisse für den Tatort

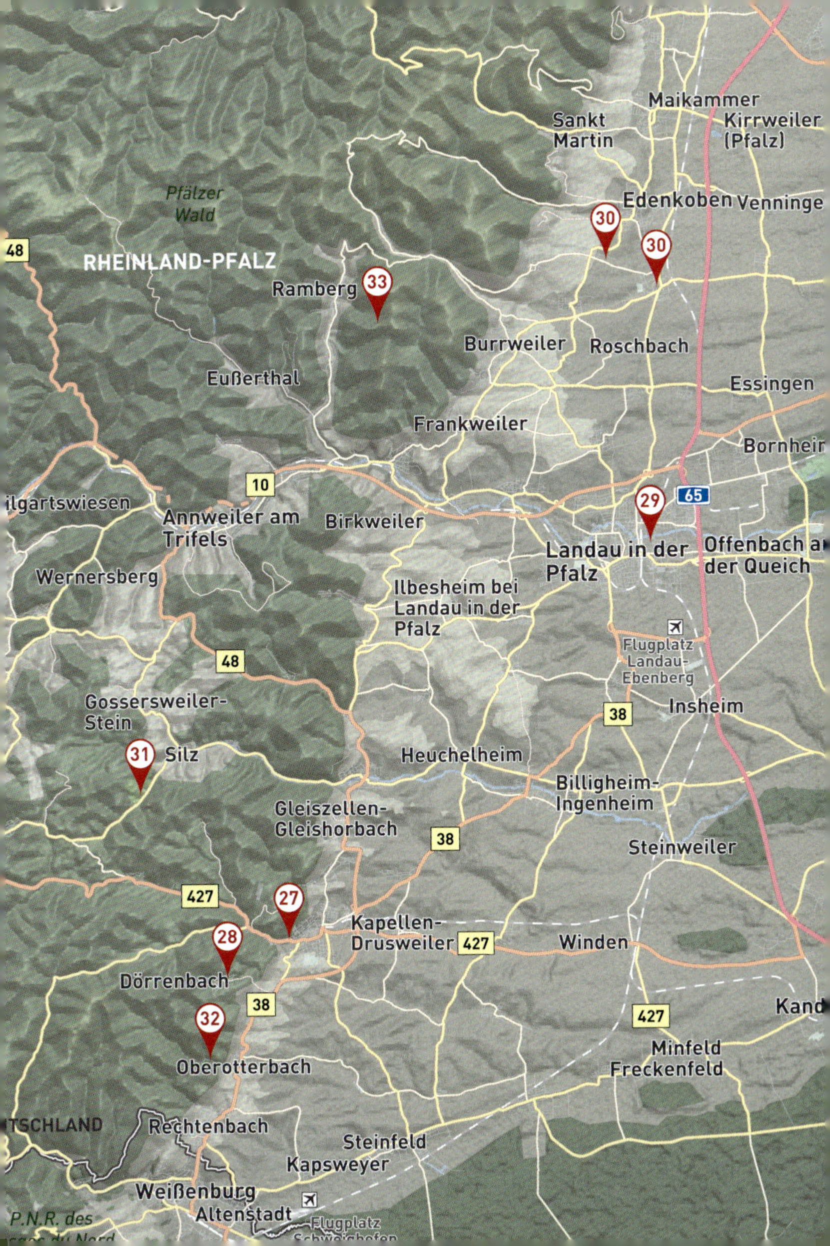
Maikammer
Sankt Martin
Kirrweiler (Pfalz)
Pfälzer Wald
Edenkoben
Venninge
48
RHEINLAND-PFALZ
30
30
Ramberg
33
Burrweiler
Roschbach
Eußerthal
Essingen
Frankweiler
Bornhei
10
65
29
ilgartswiesen
Annweiler am Trifels
Birkweiler
Landau in der Pfalz
Offenbach a der Queich
Wernersberg
Ilbesheim bei Landau in der Pfalz
Flugplatz Landau-Ebenberg
48
Gossersweiler-Stein
38
Insheim
31
Silz
Heuchelheim
Billigheim-Ingenheim
Gleiszellen-Gleishorbach
38
Steinweiler
427
27
28
Kapellen-Drusweiler
427
Winden
Dörrenbach
38
Kand
32
427
Minfeld
Freckenfeld
Oberotterbach
TSCHLAND
Rechtenbach
Steinfeld
Kapsweyer
Weißenburg
Altenstadt
P.N.R. des
Flugplatz

27 Südpfalz Therme in Bad Bergzabern

HEILENDER KURZURLAUB

Egal ob im wohligen 32 Grad warmen Thermalwasser, beim entspannten Saunieren oder in der urigen Salzgrotte: Die Südpfalz Therme in Bad Bergzabern sorgt besonders an verregneten Herbsttagen für eine Flucht aus dem Alltag.

Zeit für einen Kurzurlaub

Aus 450 Metern Tiefe sprudelt das warme Wasser der Petronella-Quelle empor und sorgt mit seinem heilsamen Natriumchlorid bei schlaffen und verspannen Muskeln oder auch bei Rheuma und anderen Beschwerden für wahre Wunder. Selbst bei eisigen Außentemperaturen ist das Wasser konstante 32 Grad warm, und so ist auch bei Eis und Schnee ein gemütlicher Aufenthalt im Außenbecken möglich. Hier kann man sich treiben lassen. Im Sommer lädt der weitläufige Garten mit Schatten spendenden Bäumen und zahlreichen Liegen zum Sonnenbaden ein.

Das Innenbecken sorgt mit seinen bunten Unterwasserscheinwerfer mit wechselnden Farben für ein echtes Erlebnis. Blau sorgt für Entspannung, orange regt die Lebensgeister an, gelb stimmt versöhnlich und beruhigend. Die Spiegeldecke ist hier fast schon legendär. Neben dem heilenden Thermalwasser gibt es, wie es sich für eine Therme gehört, auch eine große Saunalandschaft. Die präsentiert sich ganz im Stil eines Pfälzer Fachwerkdorfes. Besonderes Highlight: der Dubbeglas-Eisbrunnen. Die biologische Aroma-Lichtsauna (60 Grad), die Rosen-Sauna (75 Grad), die Riesling-Sauna (80 Grad) und die heiße Wald-Sauna mit 90 Grad lassen keine Wünsche offen.

Schwitzen in der Wiesen-Sauna

Auf der Liegewiese die Sonne genießen

Ein Sprudelbecken, eine Kübeldusche und Kneippschläuche sorgen für die nötige Abkühlung. Je nach Monat und Jahreszeit gibt es ganz unterschiedliche Duft- und Erlebnisaufgüsse, die jeden Besuch zu etwas Einzigartigem machen. Dienstags haben hier übrigens ganztägig nur Frauen Zutritt, Männer müssen draußen bleiben. Dafür gibt es von Oktober bis April jeden ersten Samstag im Monat eine lange Saunanacht, bei der bis um 1 Uhr in der Nacht ausgiebig sauniert und im ganzen Bad textilfrei geschwommen werden kann. Wer möchte kann sich im Gesundheitsbereich eine Schokoladenmassage oder eine andere wohltuende Körperbehandlung dazubuchen. Für Romantiker steht ein duftendes Rosenbad in goldener Badewanne und Kerzenschein zur Verfügung. Entspannung gibt es außerdem im Dachgarten und im Ruhebereich unter dem Sternenhimmel.

Entspannen im mediterranen Saunadachgarten

Wer tief durchatmen möchte, der sollte sich die Salzgrotte keinesfalls entgehen lassen. Das hier gelagerte Salz stammt direkt aus dem Toten Meer und die Konzentration ist im Schnitt neunmal höher als in normalem Meerwasser. Auch der Anteil an Magnesium, Natrium und Kaliumchlorid ist sehr hoch. Durch die hohe Löslichkeit ist eine künstliche Vernebelung nicht notwendig und die heilenden Mikroelemente werden durch die Luft ganz einfach über die Haut und die Atemwege aufgenommen. Eingekuschelt in eine warme Decke und auf einer bequemen Liege können Besucher bei 23 Grad Raumtemperatur die gesunde und wohltuende Wirkung des Salzes schon nach kurzer Zeit spüren. So gerät der Alltag schnell in Vergessenheit.

Thermalbecken mit 32 Grad Celsius

Info

Lage: Südpfalz Therme: Kurtalstraße 27, 76887 Bad Bergzabern, Tel. 06343 934010, *info@suedpfalz-therme.de*, *suedpfalz-therme.de*

Parken: Nutzen Sie den Parkplatz am „Haus des Gastes" über die Zufahrt Weinstraße und Rötzweg. Bei Vorlage des Parktickets wird die Hälfte der Parkgebühren erstattet.

Öffnungszeiten: täglich 9 bis 22 Uhr, Freitag und Samstag bis 23 Uhr; Aufenthalte in der Salzgrotte täglich zur vollen Stunde von 10 bis 18 Uhr

HINWEISE:

- Kostenlose Wassergymnastik: fünfmal täglich
- Gastronomie in der Therme mit durchgehend warmer Küche von 10 bis 21:30 Uhr

28 Dörrenbach

DAS DORNRÖSCHEN DER PFALZ

Bereits 1975 wurde das „Dornröschen der Pfalz“ zum schönsten Dorf an der Deutschen Weinstraße gekürt. Auf einem Spaziergang durch den historischen Ortskern mit seinen typischen Fachwerkhäusern, den gemütlichen Winzerstuben und dem bezaubernden Flair fallen vor allem die Sehenswürdigkeiten Dörrenbachs ins Auge.

Das historische Rathaus gehört zu den prächtigsten Bauwerken der Pfalz.

Da wäre zum einen das 1590/91 im Fachwerk-Stil erbaute Renaissance-Rathaus, das als eines der schönsten Bauwerke der Pfalz gilt. Über dem aus einem Quadermauerwerk und den rundbogigen Fenstern bestehenden Erdgeschoss erhebt sich ein dreigeschossiger Fachwerkgiebel mit zarten Schnitzereien. Besonders schön strahlt das Rathaus im Sommer, wenn die roten Geranien an den Fenstern in voller Pracht blühen.

Nur wenige Meter nebenan thront die Wehrkirche St. Martin, deren Innenhof man durch ein Spitzbogenportal betritt. Der Unterraum des Chorraumes ist der älteste Teil der Kirche und stammt aus dem Jahr 1300, während alle Bauteile darüber der Spätgotik und dem 16. Jahrhundert zugeordnet werden. Besonders beeindruckend ist die Außenmauer von rund zwei Metern Stärke. Hier steckt tatsächlich in jedem Winkel Geschichte. Immer wieder ist die Kirche Kriegen zum Opfer gefallen, wurde

Kolmerbergkapelle

zerstört und wiederaufgebaut. Einzig eine der fünf Glocken im Glockenturm hat alles unversehrt überstanden und läutet seit geschätzten 750 Jahren regelmäßig zum Gottesdienst.

Vor den Toren von Dörrenbach liegt mitten im Wald die Wallfahrtskapelle „Unsere Liebe Frau von Kolmerberg", eine der beliebtesten und bekanntesten Wallfahrtskirchen der südlichen Pfalz. Erste Urkunden datieren auf das Jahr 1470. Hier findet alljährlich das ökumenische Wallfahrtsfest katholischer und protestantischer Christen aus Dörrenbach statt.

Bei einem Besuch im Dornröschen-Dorf sollte man sich unbedingt Zeit für den Dornröschen-Wanderweg nehmen, der sich mit seinen zehn Kilometern Länge für eine gemütliche Halbtageswanderung eignet. Los geht es am Wanderparkplatz am Ortseingang. Zu Beginn und am Ende ist der Rundwanderweg identisch mit dem Gebrüder-Grimm-Märchenweg. Auf ihm begegnet man Märchengestalten wie Froschkönig, Dornröschen, Schneewittchen, Sterntaler, Hänsel und Gretel, Tischlein Deck Dich, Rapunzel – alle liebevoll gestaltet von Künstlern der Region. Vom Naturparkplatz „Altes Bild" startet der eigentliche Wanderweg, der von hier unmittelbar in eine bezaubernde Waldlandschaft führt. Vorbei geht es an der Burgruine Guttenberg, die mit einem weiten Blick über den Mundatwald und die Rheinebene verzaubert. Von hier geht die Wanderung bis hinauf auf den Stäffelsberg und zum Stäffelsbergturm. Wer die 120 Stufen des 21 Meter hohen, runden Betonturms erklimmt, wird mit einem grandiosen Ausblick über den Pfälzerwald bis hin zum Schwarzwald belohnt, bevor es das letzte Wegstück zurück zum Parkplatz geht.

Info

Anfahrt: Dörrenbach ist aus dem Norden über die B38 (Ausfahrt auf die K22) und aus dem Westen über die B427 und die B38 zu erreichen. Die Ausfahrt erfolgt über die K22 in Richtung Dörrenbach.

Einkehr:

- Weinstube unter den Linden: kleine Weinstube in einem alten Winzerhaus, Speisekarte mit Gerichten aus der Pfalz und dem Elsass, umfangreiche Weinkarte, faire Preise, Reservierung empfohlen; Hauptstraße 8, 76889 Dörrenbach, Tel. 06343 939803, *weinstubeunterderlinde.de*

Unterkünfte:

- Hotel Pfälzer Wald: historisches und familiengeführtes Hotel direkt am Schwanenweiher im Kurpark von Bad Bergzabern und in unmittelbarer Nähe zu Dörrenbach. Perfekte Lage für Wanderungen in der Umgebung. Kurtalstraße 77, 76887 Bad Bergzabern, Tel. 06343 98 919 0, *pfaelzer-wald.net*
- Wohnmobilstellplatz: Auf dem Parkplatz am Dörrenbacher Sportplatz können für 6 EUR pro Tag und Nacht Wohnmobile stehen. Strom kann dort bezogen werden; Frischwasser gibt es nur, wenn ein Verantwortlicher des Sportvereins vor Ort ist (ohne Garantie). Ein Entsorgungsrohr für Toiletten steht zur Verfügung. Anfahrt: Von der Hauptstraße in Dörrenbach vor dem Weingut Rapp links in die Übergasse abbiegen und dieser Straße bergauf bis zum Sportplatz folgen.

Website: *doerrenbach.de*

HINWEIS: Alle zwei Jahre wird in Dörrenbach ein neues Dornröschen gekrönt. Ein Wochenende im Juni verwandelt sich der ganze Ortskern in eine mittelalterliche Festmeile mit Gauklern, Musikanten, Köstlichkeiten zum Schmausen und Kunsthandwerk. Das alte Dornröschen wird gebührend verabschiedet und die neue Hoheit wachgeküsst.

29 Reptilium Terrarien- und Wüstenzoo Landau

WO DIE WILDEN TIERE WOHNEN

Riesenschlangen, Minifrösche, Taranteln und jede Menge anderes nicht ganz so flauschiges Getier gibt es im Reptilium Terrarien- und Wüstenzoo Landau zu bestaunen. Wer hautnah mit Riesenspinnen in Berührung kommen möchte und bei einer Schlangenfütterung begeistert in der ersten Reihe steht, der sollte sich einen Besuch nicht entgehen lassen.

Weißbüschelaffe

Einmal eine riesige Tarantel über die Hände laufen lassen, Bartagamen aus nächster Nähe beobachten oder bei der Fütterung der Erdmännchen dabei sein? Das alles ist möglich im Reptilium Terrarien- und Wüstenzoo Landau. Auf 3400 Quadratmeter Fläche sind im größten Reptilienzoo Deutschlands Riesenschlangen, Spinnen, Frösche, Leguane, Geckos,Warane, Krokodile und noch viele mehr zu Hause. Insgesamt 1100 Tiere aus 125 verschiedenen Arten wohnen in großen, artgerechten Landschaftsterrarien.

Blauer Baumwaran

Bei ganzjährigen kuscheligen 25 bis 30 Grad Lufttemperatur lassen sich Reptilien und Amphibien sowohl an Land als auch unter Wasser genau unter die Lupe nehmen, ohne sie zu stören. Dabei entsteht bei den bizarren Felsformationen und den echten südamerikanischen Palmen ein echtes Urlaubsfeeling.

Der direkte Kontakt zu den Tieren ist im Reptilienzoo eine ganz besondere Attraktion. Jeder Besucher hat täglich die Möglichkeit sich mit einer Schlange fotografieren zu lassen und sie sogar zu füttern – und das ganz ohne vorherige Anmeldung und kostenfrei. Außerdem gibt es stündliche Fütterungen zum Beispiel der Schildkröten, Erdmännchen und Weißbüscheläffchen und andere Präsentationen. Wer noch mehr über die Tiere erfahren möchte, der kann sich zu einer der Zooführungen anmelden.

Leopardgecko

Zweimal in der Woche haben kleine und große Reptilienfans die Möglichkeit beim Tierpflegertag den ausgebildeten Pflegern über die Schulter zu schauen und beim Füttern, Pflegen und Säubern der Tiere und Terrarien mit anzupacken. Wer mutig genug ist, der kann an der Raubtierfütterung teilnehmen. Tierfreunde können nicht nur den Waschbären ihre Mahlzeiten überreichen, auch die Kapwarane und die Mississippi-Alligatoren bringen ordentlich Hunger mit. Sowohl für den Tierpflegertag als auch für die Raubtierfütterung ist eine vorherige Anmeldung erforderlich.

Habt ihr euch bei eurem Besuch in ein Tier verliebt oder wollt die artgerechte Haltung der Tiere unterstützen? Dann gibt es die Möglichkeit eine Tierpatenschaft zu übernehmen. Als offizieller Tierparte darf man seinem Schützlung einen Namen geben und bekommt eine Urkunde und einen Patenausweis.

Großer Madagaskar-Taggecko

Ein ganz besonderes Angebot ist auch die Möglichkeit, ein außergewöhnliches Reptilien-Fotoshooting zu buchen. Wer genug von langweiligen Portrait-Shootings hat, der kann sich hier nach Herzenslust mit Chamäleon, Spinne und Schlange ablichten lassen. Dabei ist natürlich immer ein Tierpfleger vor Ort, der die Tiere betreut und ein professioneller Fotograf, der Tier und Mensch passend in Szene setzt. Na wenn das mal nicht eine gelungene Erinnerung an einen Tag im Reptilienzoo ist ...

Info

Adresse: Werner-Heisenberg-Straße 1, 76829 Landau, Tel. 06341 943 303 600

Anfahrt: Ab dem Bahnhof Landau sind es zehn Minuten Fußweg. Wer mit dem Auto kommt, nimmt von der A65 die Ausfahrt Landau Zentrum, am kommenden Kreisel die dritte Ausfahrt und biegt nach einem Kilometer links ab.

Website: *reptilium-landau.de*

Öffnungszeiten: Montag bis Sonntag 10 bis 18 Uhr

Eintritt: 16,50 EUR, Kinder 4-14 Jahre 11,50 EUR, Kinder bis 3 Jahre frei, Familienkarte 54 EUR. Am verrückten Mittwoch zahlen Erwachsene nur 12,50 EUR und Kinder 7,50 EUR. Es gibt regelmäßige Familientage, Großenkel-Enkel-Tage oder Zoonächte mit besonderen Führungen.

Einkehr: Im internen Zoorestaurant gibt es kalte und warme Speisen für den großen und kleinen Hunger. Auch selbst mitgebrachtes Essen darf hier gegessen werden, für die kleinen Tierfreunde gibt es einen Spielplatz. Außerdem hält jeden Dienstag vor dem Haupteingang ein Foodtruck.

Unterkunft:

- Hotel Soho Landau, Marie-Curie-Straße 7, 76829 Landau, Tel. 06341 14 19 60, *soho-landau.de*

30 Romantisches Rhodt unter Rietburg

UND SCHLOSSHOTEL EDESHEIM

Unterhalb der Rietburg und der Villa Ludwigshöhe liegt das romantische Winzerdorf Rhodt unter Rietburg inmitten von Weinbergen. Hier findet sich nicht nur der älteste Weinberg der Welt, sondern auch der unvergleichliche Charme der Pfalz und der Südlichen Weinstraße.

Die berühmte Theresienstraße

Das Herzstück des über 1200 Jahre alten Winzerdorfes ist eindeutig die heutige denkmalgeschützte Theresienstraße. Benannt wurde sie nach Königin Therese, die gemeinsam mit ihrem Mann, König Ludwig I von Bayern, die Sommerzeit auf der Villa Ludwigshöhe verbrachte und zum Gottesdienst immer in die evangelische Kirche in Rhodt fuhr. Für diesen Weg nutzte sie die Hauptstraße des Dorfes. Ihr zu Ehren wurde diese mit zahlreichen Rosskastanienbäumen bepflanzt. Besonders im Sommer ergeben die vielen Bäume mitsamt den alten Bauernhäusern, den berühmten Pfälzer Hoftorbögen und den urigen Weinreben, die die alten Höfe überwuchern, ein eindrucksvolles Bild. Hier entlangschlendern – das ist Süden pur.

Rhodt bietet seinen Gästen ganzjährig Kunst, Kultur, Kulinarisches und natürliche edle Tropfen der ansässigen Winzer. Die findet man mitsamt den Pfälzer Spezialitäten in den vielen Vinotheken, Weinstuben, Restaurants und Straußwirtschaften. Ein Highlight für alle Weinliebhaber findet sich außerdem am Ortsrand von Rhodt: der älteste Weinberg der Welt. Umrankt von Rosen wachsen und gedeihen hier seit mehr als 400 Jahren knorzige Traminer-Rebstöcke, die bis heute alljährlich für köstlichen Gewürztraminer sorgen. 2010 wurde der Weinberg sogar als einer der „Höhepunkte der Weinkultur" in der Pfalz ausgezeichnet.

Doch Rhodt hat nicht nur den ältesten Weinberg der Welt, sondern auch eine echte „Schoppenspezialität“: den „Rhodter Piff“. Der Begriff „Schoppen“ kommt zunächst einmal von „schöpfen“, war ursprünglich ein Gefäß für Flüssigkeiten und später ein Maß für Getränke. In der Pfalz hat der Weinschoppen üblicherweise eine Größe von einem halben Liter und wird mit einer Weinschorle oder auch mit purem Wein gefüllt. Erfunden wurde der besondere „Rhodter Piff“ im Jahr 1903 von Ferdinand Seitz, dem damaligen Wirt des Gasthauses Zum Adler. Wegen seiner guten Küche und der leckeren Weine kamen häufig Damen aus Landau zu Besuch. Für eine feine Lady schickte es sich allerdings nicht, einen Schoppen zu bestellen. Also griffen sie zu einem Piff, ein Glas mit einem Achtel Liter Inhalt, – und das ganz einfach achtmal hintereinander. Ferdinand Seitz fand diese unechte Vornehmheit verachtenswert und servierte den Landauer Damen beim nächsten Besuch einfach ein Ein-Liter-Glas mit der Aufschrift „Rhodter Piff“. Noch heute kann man ein Glas mit entsprechender Urkunde bei den in Rhodt lebenden Nachfahren des Erfinders im Weingut Seitz-Schreiner erwerben.

Dem „Rhodter Piff“ wurde sogar ein Denkmal gewidmet.

Wer eine Pause vom vielen Wein braucht, der findet im Südfrüchtegarten mitten im Dorf eine Oase der Ruhe. Wer den Weg nicht findet, der achtet am besten auf die hübsch bemalten Stromschaltkästen, die weisen den Weg. Der Garten selbst wird von Freiwilligen gepflegt und ist für jeden frei zugänglich. Zwischen internationalen südlichen Bäumen und Sträucher wachsen Maul-

Ausblick von der Rietburg

beere, Feige, Erdbeerbaum und Schokoladentraube und laden zum Naschen ein. Auf den Parkbänken lässt es sich ganz herrlich vom nächsten Urlaub träumen.

Namensgeber von Rhodt unter Rietburg ist übrigens die seit über 800 Jahren über dem Ort thronende Rietburg, die zu Beginn des 13. Jahrhunderts von den Herren von Riet gegründet wurde. Heute kann man die Ruinen der einst herrschaftlichen Burg besichtigen. Den Berg erklimmt man dabei ganz einfach mit der Rietburgbahn, der ersten pfälzischen Sesselbahn, die seit dem Jahr 1954 Besucher befördert.

Märchenhaft übernachten lässt es sich gleich nebenan im Hotel Schloss Edesheim. Eingebettet in einen großen Park mit Weinbergen und Wasserspielen entführt das historische Gemäuer in eine Zeit, in der hier noch Fürstbischöfe residierten. Zwar ist das Schloss inzwischen renoviert und bietet allen Komfort des 21. Jahrhunderts, dennoch ist vom einzigartigen historischen Ambiente nichts verloren gegangen. In unterschiedlichen Suiten und Zimmern mit sagenhaftem Ausblick fühlt man sich direkt bei der Ankunft wie eine Königin. Überall im Schloss sorgen knarzende Treppen, schwere Vorhänge und sogar echte Ritterrüstungen für eine Reise durch die Zeit.

Im Schlosshotel Edesheim schläft es sich wie ein Prinz oder eine Prinzessin.

Info

Anfahrt: Von Neustadt aus: Der L516 Richtung Edenkoben nehmen, in Edesheim rechts in die Rhodter Straße abbiegen und der L506 bis nach Rhodt unter Rietburg folgen.

- Von Landau aus: Die L516 Richtung Edesheim nehmen und in Edesheim links in die Rhodter Straße abbiegen. Der L506 bis nach Rhodt unter Rietburg folgen.
- Anfahrt Schlosshotel Edesheim: Anstatt in die Rhodter Straße je nachdem ob von Süden oder Norden kommend nach rechts oder links in die Luitpoldstraße einbiegen (Parallelstraße zur Rhodter Straße). Der Straße folgen und in die zweite Straße nach links einbiegen. Das Schlosshotel befindet sich etwas versteckt auf der linken Seite (Durchfahrt durch ein großes Hoftor).

Einkehr:

- Alter Kastanienhof: Theresienstraße 79, 76835 Rhodt unter Rietburg, Tel. 06323 9881300, *alter-kastanienhof.de*
- Gasthaus Sesel: Theresienstraße 200, 76835 Rhodt unter Rietburg, Tel. 06323 704456, *alte-rebschule.de*

Unterkunft und Einkehr:

- Hotel Schloss Edesheim: im gemütlichen Gourmet-Restaurant sind elegante Dinner möglich; Luitpoldstraße 9, 67483 Edesheim, Tel. 06323 / 94240, *info@schloss-edesheim.de*, *schloss-edesheim.de*

Websites:

- *rhodt.de*
- *schloss-edesheim.de*

HINWEISE:

- Rietburgbahn: Talstation bei Villa Ludwigshöhe, Bergstation bei der Rietburg; Berg- und Talfahrt 8 EUR, Kinder ab 4 Jahre 4,50 EUR; oben erwarten Besucher eine Höhengaststätte, ein Wildgehege und markierte Wanderwege.
- Zum Burgfest im Juli und August gibt es Lampionfahrten und Livemusik.

31 Der Wild- und Wanderpark bei Silz

NATURERLEBNIS FÜR DIE GANZE FAMILIE

An der Südlichen Weinstraße westlich von Silz gelegen lässt sich der hektische Alltag im idyllischen Wild- und Wanderpark für eine Weile vollkommen vergessen. Auf 100 Hektar Freizeitgelände sind 400 Tiere aus 15 europäischen Arten zu Hause, und so lassen sich Wolf, Hirsch und Co. bei einem gemütlichen Rundgang aus nächster Nähe beobachten.

Zeit für den Mittagsschlaf

Die tierische Begegnung beginnt gleich hinter dem Eingang am Streichelgehege, wo sich die frechen Bergziegen ebenso gerne streicheln und füttern lassen wie die zahmen Rehe. Auch Kaninchen und Hasen freuen sich über ein Verwöhnprogramm.

Insgesamt stehen den Besuchern acht Kilometer Spazier- und Wanderwege zur Verfügung. Der Park kann in einer kurzen Runde (45 bis 60 Minuten) oder in einem langen Spaziergang (90 bis 120 Minuten) erkundet werden. Viele Abschnitte sind ohne trennende Zäune, sodass mitunter Rot- und Damwildrudel die Wege kreuzen und ganz aus der Nähe beobachtet werden können.

So nah wie hier kommt man den Tieren selten.

Im ganzjährig geöffneten Park gibt es zu jeder Jahreszeit etwas Spannendes zu entdecken. So kündigt sich im Februar und im März bei den Wildschweinen der erste Nachwuchs an. Bis in den August hinein erblicken die Jungen von Damwild, Rotwild und Wisenten das Licht der Welt. Wenn die Nächte wieder kühler werden und der erste Vollmond den Herbstanfang einläutet, tönt das laute Röhren und Schreien der Hirsche durch die Wälder. Die Brunftzeit hat begonnen. Wer Glück hat, ist hautnah bei einem der imposanten Kämpfe dabei, die witterungsabhängig zwischen September und Oktober stattfinden. Mindestens genauso spannend ist allerdings auch die Fütterung der Wölfe, die von April bis Oktober jeden Vormittag um 11 Uhr stattfindet. Aber keine Angst: Hier ist immer ein Zaun dazwischen.

Die Ziegen treiben Schabernack.

„Hallo, gibt es hier Futter?"

Wem das doch zu heikel ist: Vom nahe gelegenen Aussichtsturm lässt sich das gesamte Wolfsgehege aus sicherer Entfernung und sogar ein Großteil des Parks überschauen.

Nachdem man auch noch den Steinmardern, Frettchen, Mufflons, Pferden und den Uhus einen Besuch abgestattet hat, wartet am Ende des Parks ein Abenteuerspielplatz mit Riesenrutsche auf die kleinen Besucher.

Genüsslich knabbert der Rothirsch am saftigen Gras.

Info

Adresse: Wild & Wanderpark Südliche Weinstraße GmbH, 76857 Silz, Tel. 06346 5588, *info@wildpark-silz.de*

Öffnungszeiten: 1. März bis 1. November täglich ab 9 Uhr, 2. November bis 28. Februar Mittwoch bis Sonntag ab 10 Uhr

Eintritt: 9 EUR, Kinder ab 3 Jahre 4,50 EUR, Kinder ab 6 Jahre 6 EUR, nur Barzahlung möglich; gebührenfreies Parken

Website: *wildpark-silz.de*

HINWEISE:

- Spezialfutter für die Tiere kann an der Kasse erworben werden.
- Aufgrund von freilaufenden Wildtieren sind Hunde (auch an der Leine) leider verboten.
- Der Grillplatz kann nach Absprache für private Geburtstagsfeiern oder Gruppenausflüge kostenlos genutzt werden.
- Direkt neben dem Abenteuerspielplatz befindet sich ein Restaurant.

32 Waldgeisterweg Oberotterbach

EINE SPANNENDE GEISTERJAGD DURCH DEN WALD

Angenehm schattig verläuft der Spazierweg auf der linken Seite des Otterbachs und eignet sich perfekt für Wandereinsteiger oder Familien mit kleinen Kindern. Start ist am Wandererparkplatz am Schützenhaus. Von hier folgt man dem flachen und breiten Fahrweg (kinderwagentauglich) mit der gelb-grünen Markierung. Am Wegesrand warten zahlreiche handgeschnitzte Figuren auf die Besucher und sorgen so vor allem bei den kleineren Wanderern für viel Abwechslung. Egal ob ein verwundert dreinschauender Bär, urige Waldgeister oder ein freches Eichhörnchen – alle 20 bis 30 Meter gibt es neue Tiere und Fabelwesen zu entdecken, die sich harmonisch in das Waldbild einfügen. Zusätzlich gibt es Wasserspiele am Otterbach, skurrile Holzbänke für eine Rast und Klanghölzer zum Musizieren. Nach zwei Kilometern endete früher der Waldgeisterweg mit der lachenden Schnecke Gustav. Die hat nach 30 langen Jahren leider das Zeitliche gesegnet und wurde vor Kurzem gegen eine etwas kleinere, aber immer noch lächelnde Schnecke ersetzt.

Eine freundlich lächelnde Eule unter dem Blätterdach, eine Riesenschlange, die den Waldweg kreuzt, und viele kleine Waldgespenster, die im Gebüsch lauern: Auf dem Waldgeisterweg gibt es einiges zu entdecken!

Wer genau hinschaut, entdeckt die Waldgeister.

Entstanden sind die Figuren allesamt durch den Hobbyschnitzer und Künstler Volker Dahl. Ehrenamtlich und in liebevoller Handarbeit sind in vielen Stunden und Wochen die zahlreichen Fabelwesen aus Wurzeln, Baumstümpfen und alten Holzstümpfen entstanden. Viele der Waldgeister sind dabei direkt im Wald geschnitzt worden und integrieren sich somit perfekt in das Waldbild. Da kann es schon einmal vorkommen, dass sich selbst ein erwachsener Wanderer doch noch erschrickt, wenn ihn plötzlich ein Baumstamm verschmitzt anlächelt. Wer nach dem Ausflug noch nicht genug gesehen hat, der kann am Nachmittag die kleine Galerie bei Volker Dahl besuchen und dort sogar kleine Waldgeister für den heimischen Garten erwerben.

Info

Adresse: Wanderparkplatz Schützenhaus, Oberdorfstraße 74, 76889 Oberotterbach

Wanderung: vier Kilometer (Hin- und Rückweg), 45 Minuten, leicht

Einkehr:

- Waldgaststätte Schützenhaus: mit großzügigem, teilweise überdachten Biergarten, Mittwoch bis Sonntag 11 bis 20 Uhr; Oberdorfstraße 74, 76889 Oberotterbach, Tel. 06342 7522, *schützenhaus-oberotterbach.de*

Aktivitäten:

- Atelier und Verkaufsraum für Holzfiguren Volker Dahl: Unterdorfstraße 27, 76889 Oberotterbach, Tel. 06342 7529, *oberotterbach.de/kultur-u-geschichte/kuenstler.html*

33 Burgruine Neuscharfeneck

FILMKULISSE FÜR DEN TATORT

Mit ihrer gewaltigen Schildmauer, die aus rostrotem Sandstein erbaute Ober- und Unterburg und den zahlreichen Treppen, Torbögen und Fensterbögen ist die Burgruine Neuscharfeneck ein Erlebnis für sich. Nicht umsonst war die viertgrößte Burganlage der Pfalz sogar schon Kulisse in einem Tatort.

Hoch oben auf einem Ausläufer des Kalkofenbergs auf 500 Metern Höhe zwischen Dernbach und Ramberg thront die Burgruine Neuscharfeneck und lässt den roten Buntsandstein in der Abendsonne leuchten. Ein mystischer Ort. Die erste Burganlage wurde wohl bereits in der ersten Hälfte des 13. Jahrhunderts errichtet, allerdings wesentlich kleiner als die heutige Ruine. Lange Zeit wurde sie von der gleichnamigen Familie von Scharfeneck-Metz bewohnt, einer Seitenlinie der älteren Scharfenecker-Familie, die in der nahen Burg Alt-Scharfeneck lebten. Als 1416 der letzte Nachkomme der Scharfenecks das Zeitliche segnete, ging die Burg, die zuvor schon zahlreiche neue Besitzer hatte, endgültig an Kurfürst Friedrich I, der sofort mit großzügigen Umbauarbeiten begann und aus Neuscharfeneck eine der modernsten Burgen ihrer Zeit im süddeutschen Raum machte.

Leider hielt der Frieden nicht lange, und während des Bauernkrieges im Jahr 1525 eroberten wütende Landwirte die Burg, plünderten sie und steckten sie dann auch noch in Brand. Nach einem kurzen Wiederaufbau fiel Neuscharfeneck 1633 dem Dreißigjährigen Krieg endgültig zum Opfer. Dennoch hat die Ruine fast 400 Jahre später seinen Besuchern noch immer einiges zu bieten, was dem unermüdlichen Einsatz von König Ludwig I zu verdanken ist, der seiner Zeit bereits ein sogenanntes „Abbruchverbot" ausgesprochen hat – der Vorläufer unseres heutigen Denkmalschutzes.

Wer heute durch die Burgmauern streift, findet überall liebevoll angebrachte Informationstafeln. So weiß jeder gleich, was hier vor langer Zeit für eine prächtige Burg gestanden haben muss und in welchem Raum er sich gerade befindet. Noch gut erkennbar sind die Reste der Vorburg mit den vielen Wirtschaftsgebäuden, eine Küche, eine Schmiede und die Reste eines großzügigen Wohnbaus. Zu Hochzeiten war der Wohnbau sogar dreistöckig und komplett unterkellert. Dort waren ein pompöser Rittersaal, eine Schreibstube, Räume des Burgverwalters und auch die Schlafräume zu finden. An den Außenseiten des Wohnbaus kann

Romantischer Sonnenuntergang

man noch immer die Aborterker entdecken – die sanitären Verhältnisse zu Ritterzeiten waren eben doch etwas anders als heute. Ganz ungewöhnlich für die damalige Zeit war allerdings die dreifache Wasserversorgung. So war ein durch den Felsen geschlagener Burgbrunnen vorhanden, eine Quellwasserleitung war mit dem Laufbrunnen im Hof verbunden und mehrere Zisternen konnten für Notzeiten mit Wasserreserven gefüllt werden. Besonders eindrucksvoll ist die gewaltige Schildmauer mit ihrer Länge von 60 Metern, einer Höhe von 20 Metern und einer Breite von 20 Metern. Mit dieser Ausdehnung zählt sie zu einer der größten Artillerieschildmauern in ganz Südwestdeutschland. In regelmäßigen Abständen wird die Mauer von Schießscharten durchbrochen. Von der Verteidigungsplattform, die man über eine enge Wendeltreppe erreicht, hat man einen sagenhaften Rundum-Blick auf den Pfälzerwald.

Besonders spannend: Im Jahr 2012 war die Burg eine der Hauptkulissen für den Tatort „Der Wald steht schwarz und schweiget" mit dem Kommissar-Duo Ulrike Folkerts und Andreas Hoppe.

Anfahrt: Von Landau aus über die B10 in Richtung Annweiler Abfahrt Dernbach/Ramberg. Am Ortsausgang von Dernbach befindet sich direkt an der Straße ein Wanderparkplatz.

Wanderung:

- Vom Wanderparkplatz der Markierung rot-weiß vom PWV oder dem Pfälzer Weinsteig bergauf Richtung Dernbach Haus und Landauer Hütte folgen, dann weiter mit dem Pfälzer Weinsteig zur Ruine Neuscharfeneck. Die Wanderung dauert ca. eine Stunde. Die Burgruine Neuscharfeneck ist über viele sehr schöne Waldwege zu erreichen, die sich sowohl für Radfahrer als auch für Wanderer bestens eignen.

- Weiterfahren bis zum Waldparkplatz Drei Buchen hinter Ramberg, ebenfalls der Markierung Pfälzer Weinsteig folgen, auch ca. eine Stunde zur Burgruine.

Einkehr: In der Nähe der Ruine Neuscharfeneck gibt es viele der legendären Pfälzerwald Hütten, wie

- Landauer Hütte: *pwv-landau.de/landauer-huette*
- Dernbacher Haus: *100prozent-pfalz.de/firma/Dernbacher-Haus_22669_231*
- Waldhaus Drei Buchen: *100prozent-pfalz.de/firma/Waldhaus-Drei-Buchen_22530_92*
- Ringelsberghütte: *100prozent-pfalz.de/firma/Ringelsberghuette_22565_127*
- Trifelsblickhütte: *100prozent-pfalz.de/firma/Trifelsblickhuette_22708_270*

Eintritt: Die Anlage ist vollständig und kostenfrei begehbar.

Website: *neuscharfeneck.de*

HINWEIS: Die Burgruine Neuscharfeneck wird derzeit saniert. Der Scharfeneck-Verein bittet auf seiner Website um Spenden und am Burgeingang selbst hängt auch eine Spendenbox. Auch finden regelmäßig archäologische Ausgrabungen statt. Auch wenn der Innenhof noch gesperrt ist, lohnt sich ein Besuch.
Teile der Burg wie beispielsweise die Aussichtsplattform auf der Schildmauer sollen bereits 2024 wieder für Besucher zugänglich sein, im Frühjahr 2026 sollen alle Maßnahmen der Sanierung vollständig abgeschlossen sein.
Sämtliche Fortschritte werden regelmäßig auf der Homepage veröffentlicht..

Speyer und sein weltberühmter Dom

Rheinebene / Südpfalz

Rheinebene / Südpfalz

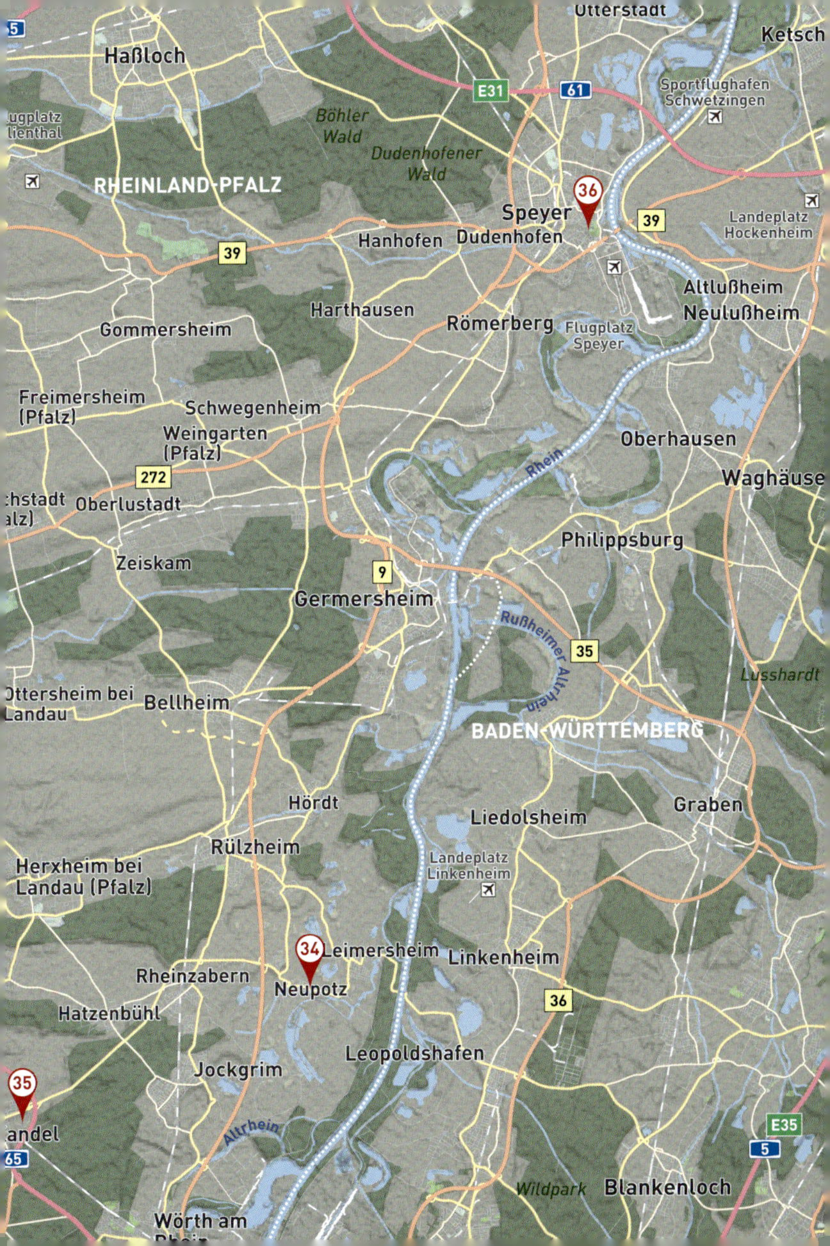
Otterstadt
Ketsch
Haßloch
E31
61
Sportflughafen Schwetzingen
Böhler Wald
Dudenhofener Wald
RHEINLAND-PFALZ
36
Speyer
39
Landeplatz Hockenheim
Hanhofen
Dudenhofen
Altlußheim
Neulußheim
Harthausen
Römerberg
Flugplatz Speyer
Gommersheim
Freimersheim (Pfalz)
Schwegenheim
Weingarten (Pfalz)
Oberhausen
Rhein
272
Oberlustadt
Philippsburg
Zeiskam
9
Germersheim
Rußheimer Altrhein
35
Lusshardt
Ottersheim bei Landau
Bellheim
BADEN-WÜRTTEMBERG
Hördt
Liedolsheim
Graben
Rülzheim
Landeplatz Linkenheim
Herxheim bei Landau (Pfalz)
34
Leimersheim
Linkenheim
Rheinzabern
Neupotz
36
Hatzenbühl
Leopoldshafen
Jockgrim
E35
Altrhein
5
Wildpark
Blankenloch
Wörth am

34 Lusoria Rhenana

LEINEN LOS FÜR DAS RÖMERSCHIFF AUF DEM RHEIN

Ganze zehn Monate hat der Bau der Lusoria Rhenana gedauert. Während der Schiffsrumpf vollständig aus Eichenholz gebaut wurde, werden Kiel, Spanten und Planken durch über 4000 handgeschmiedete Eisennägel zusammengehalten. Besonders schön: Der Schiffsbau wurde komplett durch Spenden finanziert, und während der Bauphase wurden vor allem zuvor erwerbslose Jugendliche durch die Anleitung eines professionellen Bootsbaumeisters wieder in die handwerkliche Berufswelt integriert. Zusätzlich packten zahlreiche ehrenamtliche Helfer tatkräftig mit an. Entstanden ist eine originalgetreue Rekonstruktion eines römischen Patrouillenschiffes aus der Spätantike.

In den 1980er-Jahren stießen Bauarbeiter durch Zufall auf ein altes spätrömisches Schiffswrack in der Nähe von Mainz. 40 Jahre später wurde dann die Idee einer Rekonstruktion des Flusskriegsschiffes in Germersheim geboren, wodurch heute jeder die spannende römische Kultur selbst erleben kann.

Mit einer Länge von 18 Metern, einer Breite von 2,80 Metern und einer Masthöhe von etwa neun Metern entspricht das Germersheimer Römerschiff dem historischen Original der „Navis lusoria“. Trotz eines stattlichen Gewichts von fünf Tonnen gehört die Lusoria Rhenana zur Kategorie der kleinen und äußerst mobilen Militärschiffe der spätrömischen Flussflotten. Die relativ flachen Boote mit geringem Tiefgang wurden damals von den Römern in relativ kurzer Zeit zusammengebaut, waren auf dem deutlich langsamer fließenden Rhein sehr wendig und leicht zu manövrieren. Dadurch spielten sie eine wichtige Rolle bei der Abwehr germanischer Überfälle. Bevor die Lusoria Rhenana für Besucher freigegeben wurde, wurde sie durch eine erfahrene Rudermannschaft

Auf der Lusoria Rhenana ist Teamarbeit gefragt.

Jeder Nagel ist hier Handarbeit.

ausgiebig getestet. Die eingespielten Ruderer erreichten eine Höchstgeschwindigkeit von etwa sechs Knoten (elf Kilometer in der Stunde) und bei Einsatz des Segels sogar sieben Knoten.

Doch das Römerschiff lässt sich auch ganz leicht ohne Erfahrung selbst steuern. Das Eichenschiff bietet insgesamt Platz für 24 Ruderer, zwölf Mann auf jeder Seite. Um den Koloss tatsächlich über den Rhein zu bewegen, braucht es mindestens

16 Ruderer, die älter als 16 Jahre sind. Während einer individuellen Freizeitfahrt kann man aber nicht nur spüren, wie die Römer damals den Fluss entlangschipperten, sondern auch viel über die damalige Zeit erfahren. Während der Rundfahrt erfährt man zum Beispiel, wie sich die Römer vor 1700 Jahren gegen die gefährlichen Barbarenstämme zur Wehr setzten. Eine erfahrene Stammbesatzung erklärt die Rudertechnik, informiert über den Schiffsbau und den antiken Einsatz.

Auch Weinverkostungen, Team-Trainings und sogar standesamtliche Hochzeiten sind auf der Lusoria Rhenana möglich. Und wer nicht selbst rudern möchte, der kann jeden ersten Sonntag im Monat an einer öffentlichen Rundfahrt teilnehmen.

Info

Adresse des Anlegeplatzes:
Friedhofstraße, 76777 Neupotz,
lusoria.rhenana@t-online.de

Kosten: Der Verein zur Förderung von Umweltbildung und römischer Geschichte ist ein gemeinnütziger Verein. Alle Themenfahrten und Führungen rund um das Römerschiff sind somit grundsätzlich kostenlos, da im Fokus steht, auf den sensiblen Naturraum und die römische Geschichte hinzuweisen. Da die Instandhaltung allerdings sehr teuer ist, freut sich der Verein nach jeder Fahrt über eine Spende.

Einkehr:

- Anglerheim Neupotz: viele Fischgerichte, Biergarten direkt am Rhein; Dienstag bis Sonntag von 11 bis 20 Uhr; direkt neben der Anlegerstelle zum Schiff; Tel. 07272 6853,

Website: *lusoria-rhenana.de*

HINWEIS: Vor jeder Fahrt ist eine vorherige Buchung erforderlich.

35 Fun Forest Kandel

UNTERWEGS AUF TARZANS SPUREN

Einmal in luftiger Höhe von Baum zu Baum klettern und sich dabei wie Tarzan fühlen? Dann nichts wie los in den Kletterpark nach Kandel. Im größten Kletterpark der Region warten 24 spannende Hochseilparcours auf mutige Abenteurer. Ein Spaß für die ganze Familie!

Im Seilgarten

Schritt für Schritt geht es über die schmale Wackelbrücke, die hoch oben in den Baumwipfeln des Kandeler Bienwalds befestigt ist. Kaum ist diese Station geschafft, wartet eine 250 Meter lange Seilrutsche auf große und kleine Kletterfreunde. Auf einer Fläche von sieben Hektar sind 17.000 Meter Stahlseil in über 200 Bäumen verbaut und ergeben zusammen den Fun Forest in Kandel. 24 verschiedene Hochseilparcours für jedes Alter und Fitnesslevel warten darauf, erklommen zu werden. Eine Boulderwand, verschieden Rutschen, Sprünge aus den Baumkronen und vieles mehr sorgen für viel Abwechslung. Während für die kleinsten Kletterer ab drei Jahren ein bodennaher Kinderparcours zu Verfügung steht, können ältere Abenteurer ab sieben Jahren sich an Einsteigerparcous in zwei bis drei Meter Höhe ausprobieren. Hierbei sollten die kleinen Besucher eine Mindestgreifhöhe von 1,60 Meter haben. Die schwereren Parcours haben dann unterschiedliche Alter- und Größeneinschränkungen. Für erfahrene Kletterer gibt es einen echten Profi-Parcours in luftigen 22 Meter Höhe mit einem Freefall-Quickjump für Adrenalinjunkies.

Auf Seilen unterwegs

Damit es keine Durcheinander in den Baumkronen gibt, sind alle Parcours natürlich Einbahnstraßen. So gibt es keinen Gegenverkehr oder Kreuzungen. Jeder Parcours ist so

Hoch hinaus ...

konstruiert, dass man erst den Boden wieder berührt, wenn man alle Elemente absolviert hat. Doch keine Angst: Wer feststeckt oder einfach nicht mehr weiterkommt, der kann jederzeit von einem der Mitarbeiter abgeseilt werden und woanders wieder einsteigen.

Für die Kletterpartie hat man außerdem viel Zeit, um an der ein oder anderen Stelle erst noch seinen Mut zu sammeln. Nach einer 20-minütigen Einweisungen vom Personal hat jeder ganze drei Stunden Zeit sich wie die Tarzan durch die Baumkronen zu schwingen.

Wer beim Ausflug dabei ist und aus unterschiedlichen Gründen nicht mitklettern kann oder darf, der kann es sich auf der großen Sonnenterrasse gemütlich machen. Auch Hunde an der Leine sind herzlich willkommen und dürfen das Klettergeschehen freudig beobachten.

Pause auf der Sonnenterrasse

Besonders aufregend sind auch die vielen Aktionen, die der Kletterpark immer wieder anbietet wie zum Beispiel das Nachtklettern. Ausgestattet mit Stirnlampe geht es in der Nacht hoch hinaus. Der ganze Wald wird mit bunten Lichtern erleuchtet und es entsteht eine ganz besondere Atmosphäre. Außerdem sind die Nachtkletter-Termine auf 100 Personen beschränkt, sodass dieses Event zu einem exklusiven Erlebnis wird.

In den Sommerferien finden immer wieder Feriencamps für Kinder zwischen sieben und zwölf Jahren statt. Hier wird neben vielen Kletterpartien auch gebastelt, es gibt verschiedene Workshops und das Thema Wald und Umwelt wird den Kindern näher gebracht.

Wer an Ostern im Kletterpark vorbeischaut, der kann an einer etwas anderen Ostereiersuche teilnehmen – eine spannende Abwechslung, wenn der Hase mal etwas höher geklettert ist!

Info

Adresse: Badalle, 76870 Kandel
Tel. 07275 618032

Anfahrt: Mit dem Auto von der A65 kommend die Ausfahrt Kandel Süd nehmen und dann der Beschilderung Kandel folgen. Vor dem Bahnübergang gegenüber der Total Tankstelle links abbiegen in die Jahnstraße, am Stadion vorbeifahren und links in die Badallee einbiegen. Der Fun Forest Kandel liegt direkt gegenüber des Waldschwimmbads in der Badallee, nur zehn Gehminuten vom Bahnhof in Kandel entfernt. Parkplätze sind in der Badalle reichlich vorhanden.

Eintritt: Erwachsene 23 EUR, Kinder 7 bis 13 Jahre 17 EUR, Kidsparcours 3-6 Jahre 9,50 EUR, Familientickets ab 49,90 EUR. Das Profipaket kostet 5 EUR Aufpreis.

Öffnungszeiten: Die Öffnungszeiten sind abhängig vom Wetter und ändern sich in den Schulferien (RLP und BaWü). Die aktuellen Öffnungszeiten stehen immer online.

Einkehren: Im Waldbistro „Fun for Rest" gibt es kalte und warme Getränke sowie kleine Speisen. Hier kann man auf urigen Holzbänken neue Energie für die nächste Kletterrunde tanken. Für Selbstverpfleger steht eine Picknick-Ecke zur Verfügung.

Website: *kandel.funforest.de*

HINWEIS: Klettern ist nur nach vorheriger Reservierung möglich. Auf der Website gibt es ein Buchungssystem.

36 Speyerer Dom

EINE KLETTERPARTIE ENTLANG DER ZWERGGALERIE

Wer den Speyerer Dom einmal aus einer anderen Perspektive kennenlernen möchte, der hat zwischen April und Oktober die Chance, während einer ganz besonderen Führung die Zwerggalerie zu besuchen. Der begehbare Säulengang ist allerdings nur etwas für Schwindelfreie. In 30 Metern Höhe unterhalb des Dachansatzes ist die Galerie an ihrer schmalsten Stelle 70 Zentimeter breit und insgesamt 370 Meter lang. Von hier oben hat man nicht nur einen Ausblick über ganz Speyer, sondern kann auch die vielen Ornamente an den Kapitellen der Säulen aus nächster Nähe unter die Lupe nehmen. Glücklicherweise ist der offene Arkadengang so hoch, dass große Menschen nur an einer Stelle den Kopf einziehen müssen.

Wer nach Speyer kommt, der darf eines auf keinen Fall verpassen: den berühmten Dom. Denn als größte romanische Kirche der Welt und als UNESCO-Weltkulturerbe gehört der Kaiserdom zu den meistbesuchten Orten Deutschlands. So ist eine Führung durch die Krypta oder den Kaisersaal keinesfalls ein Geheimtipp. Doch wie wäre es mit einer Besichtigung der Zwerggalerie in luftiger Höhe?

Gesichert sind die Besucher die ganze Zeit durch Seile, ein Abstürzen somit unmöglich. Außerdem sind die Gruppen auf eine maximale Anzahl von fünf Personen beschränkt, sodass genug Zeit und vor allem Platz ist, um alle architektonischen Elemente sehen zu können. Entstanden ist die Zwerggalerie unter Kaiser Heinrich IV. Weil er mit dem

Die Zwerggalerie des Speyerer Doms

Dom nicht zufrieden war, ließ er das Gotteshaus unter dem Motto „größer, schöner, mächtiger" umbauen. So entstand erstmals in der Baugeschichte eine um das Gebäude laufende Zwerggalerie. Andere Gotteshäuser waren von der Idee der Fassadenverzierung sehr angetan und rüsteten nach.

Während des einstündigen Rundganges geht es im Gänsemarsch an der Wand entlang. Die Hauptthemen der Führung sind die genaue Entstehung der Säulen, die Arbeit der Steinmetze und der Bauerhalt. Rillen im Querhaus sind die Spuren früherer Dächer, sichtbare Baunähte zeigen, wo die alten romanischen Bauteile mit dem barocken Wiederaufbau verschmelzen. Viele Kapitelle und Ornamente sind nicht vollständig ausgearbeitet. Dadurch lässt sich erkennen, dass die kompletten Säulen in ihrer Rohform und an einem Stück eingesetzt und dann erst verziert wurden.

Eine Kletterpartie nur für Schwindelfreie

Heinrich IV ließ die damals rechteckige Apsis außerdem in eine halbrunde Form umbauen und schmückte sie ebenfalls mit einer Zwerggalerie. Dennoch ist hier ein deutlicher Unterschied zum Rest des Arkadengangs zu sehen. Die nach Osten gerichtete Seite gilt aus Schauseite für Gott. Hier sind nicht nur die Kapitelle nach außen hin aufwendig verziert, sondern auch die zur Wand hingerichtete Seite ist bis ins Detail ausgearbeitet. Der Kaiser hatte die baulichen Maßnahmen einzig zur Ehrung Gottes veranlasst.

Info

Adresse: Speyerer Dom, Domplatz, 67346 Speyer

Parken: Auf dem als Parkplatz ausgeschilderten „Festplatz" sind reichlich Parkmöglichkeiten vorhanden. Von dort sind es nur wenige Gehminuten durch den Domgarten zum Dom. In das Navi bitte „Festplatz/Geibstraße" als Adresse eingeben. Das Tagesticket kostet 3 EUR.

Öffnungszeiten: Montag bis Samstag 9 bis 17 Uhr, So 11:30 bis 17 Uhr

Zwerggalerie: Die Besichtigung der Zwerggalerie ist für Einzelbesucher und Gruppen von bis zu fünf Personen möglich, sodass weder die Bausubstanz noch die Würde des Ortes beeinträchtigt wird. Auch die Anzahl der Rundgänge ist streng limitiert; 80 EUR pro Person oder 400 Euro pro Gruppe, die Gebühr kommt dem Bauerhalt zugute; *domfuehrungen@bistum-speyer.de*

Einkehr:

- Domhof Hausbrauerei: Große Himmelsgasse 6, 67346 Speyer, Tel. 06232 67440, *domhof.de*

Unterkunft:

- Hotel Residenz Speyer: Ludwigstraße 6, 67346 Speyer, Tel. 06232 684990, *residenz-speyer.de*

Website: *dom-zu-speyer.de*

Westpfalz

Ein mystischer Morgen in der Mehlinger Heide

Westpfalz

37. Die Mehlinger Heide: blühendes Schmuckstück am Rande der Pfalz
38. Mammutbäume bei Landstuhl: die größten Baumriesen der Welt
39. Rosengarten und Wildrosengarten Zweibrücken: eine blühende Oase
40. Wasserschaupfad Herschberg
41. Gelterswoog: Badespaß bei Kaiserslautern
42. Hexenklamm Pirmasens: wo die wilden Hexen hausen
43. Japanischer Garten Kaiserslautern: eine Reise ins weit entfernte Asien

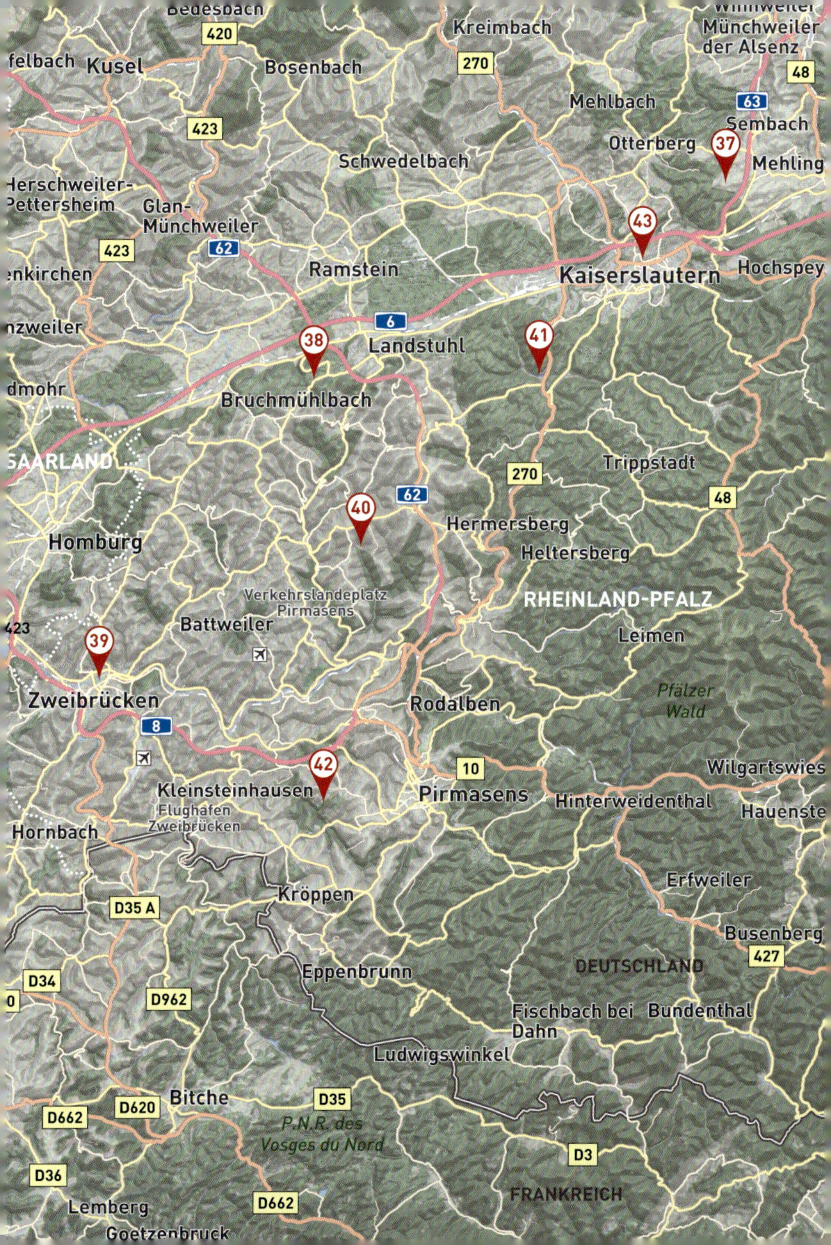
Kusel
Bosenbach
Kreimbach
Münchweiler der Alsenz
Mehlbach
Sembach
Otterberg
Mehling
Schwedelbach
Herschweiler-Pettersheim
Glan-Münchweiler
Ramstein
Kaiserslautern
Hochspey
Landstuhl
Bruchmühlbach
SAARLAND
Trippstadt
Hermersberg
Heltersberg
Homburg
Verkehrslandeplatz Pirmasens
RHEINLAND-PFALZ
Battweiler
Leimen
Zweibrücken
Rodalben
Pfälzer Wald
Wilgartswies
Kleinsteinhausen
Pirmasens
Hinterweidenthal
Flughafen Zweibrücken
Hornbach
Kröppen
Erfweiler
Busenberg
DEUTSCHLAND
Eppenbrunn
Fischbach bei Dahn
Bundenthal
Ludwigswinkel
Bitche
P.N.R. des Vosges du Nord
FRANKREICH
Lemberg
37
38
39
40
41
42
43

37 Die Mehlinger Heide

BLÜHENDES SCHMUCKSTÜCK AM RANDE DER PFALZ

Vor rund 100 Jahren wurde ein kleiner Teil des nördlichen Pfälzerwalds gerodet und bis zur Jahrtausendwende unter anderem als Truppenübungsplatz militärisch genutzt. Entstanden ist daraus letztendlich eine der beeindruckendsten landschaftlichen Schönheiten – und die größte Heidelandschaft Süddeutschlands.

Wenn das Heidekraut im Juli und August in seiner vollen Blüte steht, wird ein Ausflug in die Mehlinger Heide zum einzigartigen Erlebnis. Besonders bei Sonnenaufgang, wenn die Welt gerade zu erwachen scheint, wird das Naturschutzgebiet zu einem magischen Ort. Doch nicht nur das lilablühende Kraut ist einen Besuch wert – die enorme Vielseitigkeit dieses Landschaftsabschnittes lädt ganzjährig zu einem Ausflug ein. Der ca. 3,5 Kilometer lange naturbelassene Rundweg führt vorbei an Sandflächen, kleinen Tümpeln, Gebüschen, Wäldern und der größten Zwergstrauchheide im südlichen Teil Deutschlands. Auch Gräser, Kräuter, Moose und das in der Pfalz als verschollen geltende Wiesen-Leinblatt können hier wiederentdeckt werden. Am gesamten Wegverlauf sind nach allen Himmelsrichtungen ausgerichtete Ruhebänke aufgestellt, um die Heidelandschaft intensiv zu genießen. Auf einer kleinen Anhöhe wartet ein Aussichtspunkt mit Pavillon. Bei gutem Wetter ist der Donnersberg am Horizont erkennbar. Entlang des Weges finden sich viele Informationstafeln, mit Hintergrundwissen zu Landschaft, Pflanzen und der heimischen Tierwelt. Das Eulensymbol trägt zur Orientierung bei.

Durch die Heidevegetation und das Klima ist ein Lebensraum für eine Vielzahl teilweise seltener oder sogar gefährdeter Tierarten entstanden. So finden beispielsweise die geschützten Wildbienen hier ideale Bedingungen. Die Heidelerche, auch Heidenachtigall genannt, ist eine europaweit geschützte Vogelart, die in der Mehlinger Heide eine neue Heimat gefunden hat. Auch der Ziegenmelker, die einzige Art von Nacht-

Frost auf dem Heidekraut

Ein Spinnennetz schimmert im Morgenlicht.

schwalben, die in Europa vorkommt und durch ihren schnurrenden Gesang erkannt werden kann, lässt sich hier in ansehnlicher Anzahl beobachten. Doch hier ist Geduld gefragt: Das Gefieder des Ziegenmelkers ist der Musterung von Rinde nachempfunden, was für eine nahezu perfekte Tarnung sorgt. Er baut kein Nest, sondern legt seine Eier direkt ins Moos oder auf trockenen Sand. Meist startet er seine Futtersuche im Schutz der Dämmerung oder sogar nachts.

Damit die entstandenen Biotope auch in Zukunft erhalten bleiben und sich der Pfälzerwald nicht sein Gelände zurückerobert, sind gezielte Maßnahmen notwendig. So sind 200 Heidschnucken hier angesiedelt, die jedes Jahr als vierbeinige Landschaftspfleger unterwegs sind und die Heide kurzhalten. Um jung und dicht zu bleiben, darf das Heidekraut nicht höher als 15 Zentimeter erreichen. Wird die Heide länger und älter, verholzt sie. Auch die vielen Spinnweben werden von Heidschnucken zerstört, was den positiven Nebeneffekt hat, dass sich die Wildbienen nicht mehr darin verfangen können.

Die Heide ist auch im Winter einen Ausflug wert.

Info

Lage: Die Mehlinger Heide liegt in unmittelbarer Nähe zur Ortsgemeinde Mehlingen in der Pfalz. Parkmöglichkeiten sind ausreichend vorhanden und vor Ort ausgeschildert.

Adresse: An der Heide 10, 67678 Mehlingen

Anfahrt: Von Saarbrücken über die A6 nach Kaiserslautern, anschließend die A63 Richtung Mainz, Ausfahrt Sembach, weiter über die B40 nach Mehlingen und dort rechts ins Gewerbegebiet „Auf der Heide"

Einkehr:

- Flammkuchen-Hütte Mehlingen: urpfälzer Gemütlichkeit im familiengeführten Restaurant mit idyllischem Biergarten, Elsässer Spezialitäten und eine große Auswahl an Flammkuchen; An der Heide 3, 67678 Mehlingen, Tel. 06303 8090080, *flammkuchen-huette.de*

Websites:

- *tourismus.meinestadt.de/enkenbach-alsenborn*
- *enkenbach-alsenborn.de*

HINWEIS: Aus Gründen des Naturschutzes und wegen der immer noch bestehenden Gefahr durch Munitionsreste ist das Betreten des Geländes nur auf zwei gekennzeichneten Hauptwegen erlaubt.

38 Mammutbäume bei Landstuhl

DIE GRÖSSTEN BAUMRIESEN DER WELT

Die größten und ältesten Bäume der Welt sind die Sequoia Gigantea – im Volksmund Riesenmammutbäume genannt. Um die gigantischen Riesen in ihrer natürlichen Umgebung zu sehen, bedarf es eigentlich einer langen Reise ins sonnige Kalifornien. Dort stehen die Bäume in einem 420 Kilometer langen und gerade einmal 24 Kilometer breiten Gürtel an den Westhängen der Sierra Nevada in einer Höhe von 1500 bis 2000 Metern. Der feuchte, niederschlagsreiche Standort mit den langen andauernden Wintern eignet sich perfekt. Die Bäume sind aber tatsächlich wahre Überlebenskünstler. Kein Wunder, sind die ältesten Exemplare doch mehr als 3500 Jahre alt. Sie ertragen sowohl sehr große Kälte als auch enorme Hitze und ihre dicke Rinde schützt vor dem Feuer der Waldbrände. Ihr einziger Nachteil: Durch ihre enorme Höhe von teilweise 100 Metern werden sie des Öfteren vom Blitz getroffen. Ein Todesurteil für den Baumriesen.

Um echte Mammutbäume in freier Wildbahn bestaunen zu können, muss man nicht bis nach Kalifornien reisen. Stattdessen gibt es sieben Baumriesen ganz in der Nähe von Landstuhl auf dem Pfälzer Jakobspilgerweg.

Die sieben Mammutbäume, die in einer Gruppe an der Landstraße zwischen Landstuhl und Martinshöhe stehen, haben noch nicht ganz die Größe der nordamerikanischen Bäume erreicht. Das größte Exemplar

Die Mammutbäume der Pfalz

hat inzwischen eine Höhe von 44 Metern und einen Stammdurchmesser von zwei Metern. Zum Vergleich: In den USA gibt es Mammutbäume mit einem Durchmesser von neun Metern. Gepflanzt wurden die sieben Riesen 1868 von einem pfälzischen Förster.

Die Baumschule Ritthaler hat sich zur Aufgabe gemacht, aus den Mammutbäumen, den sogenannten Alten Riesen, Samen zu gewinnen und daraus neue Baumriesen, die Junge Riesen, zu züchten. Die besonderen Bäume können für den heimischen Garten erworben werden. Doch nicht vergessen: Ein Mammutbaum kann schnell eine außerordentliche Höhe erreichen.

Info

Anfahrt: Die Mammutbäume sind auf der L470 in Richtung Martinshöhe leicht zu finden. Ein kleiner Parkplatz ist rund 100 Meter südlich von den Bäumen vorhanden, der auch Ausgangspunkt zu markierten Rundwanderwegen mit einer Schutzhütte ist. Bei den Bäumen verläuft auch die Nordroute des Pfälzer Jakobsweges; GPS: 49.39388,7.531944

Einkehr:

- Le Marécage: Hauptstraße 37, 66849 Landstuhl, Tel. 06371 15601, *marecage-landstuhl.com*

Mammutbäume kaufen:

- Baumschule Ritthaler, Dietschweiler Straße 20, 66882 Hütschenhausen, Tel. 06372 5880, *baumschuleritthaler.de*

39 Rosengarten und Wildrosengarten Zweibrücken

EINE BLÜHENDE OASE

„Spieglein, Spieglein an der Wand, wer ist die Schönste im ganzen Land?" Im Europäischen Rosengarten in Zweibrücken lässt sich diese Frage nur schwer beantworten. Denn hier blühen auf einem fast fünf Hektar großen Gelände mehr als 45.000 Rosenstöcke von insgesamt 1500 unterschiedlichen Sorten.

Einträchtig daneben: Rhododendren, Dahlien, Staudenpflanzen, Gehölze und Bäume. Im Frühjahr und im Sommer werden die Schmuckbeete neu bepflanzt. Dazwischen finden sich zahlreiche Sitzgelegenheiten, ein Springbrunnen mit Fischen und grüne Wiesen zum Picknicken.

Hier duftet es!

Nach zwei Jahren Bauzeit wurde der Rosengarten am 20. Juni 1914 von Prinzessin Hildegard von Bayern feierlich eröffnet. Die Idee dahinter: eine dauerhafte Rosenausstellung, die neue Sorten deutscher und internationaler Züchter beinhalten sollte. Doch die Freude währte nicht lange, denn nur sechs Wochen nach der Eröffnung brach der Erste Weltkrieg aus und der Garten wurde kurzerhand in einen Erholungsort für verwundete Soldaten umgewandelt. Nach einer kurzen Erholung zerstörten die Bomben des Zweiten Weltkrieges erneut die bunte Blumenpracht. Durch zahlreiche Spenden und fleißige Helfer konnte die Anlage 1948 ihre Wiedereröffnung feiern und strahlt seitdem Jahr für Jahr in neuem Glanz.

Wer sich ein Stück Rosengarten mit nach Hause nehmen möchte, der findet im kleinen Lädchen „Dornröschen" alles, was das Herz begehrt. Neben allerlei rosigen Kleinigkeiten wie Gartenaccessoires, Düfte, Seifen, Geschirr und Tischwäsche, Kissen, Schürzen, Karten, Schreibutensilien und vielen wohlschmeckenden Rosenspezialitäten stehen auch Rosenpflanzen selbst und die dazu passende Düngung zum Verkauf. Auch eine Tasse Kaffee, ein Stück Kuchen oder ein Eis am Stiel für die Kleinsten gibt es hier.

Blühende Rosenbögen so weit das Auge reicht.

Wildrosengarten

Wer es etwas ruhiger und ursprünglicher mag, der sollte einen Ausflug in den Wildrosengarten unbedingt einplanen. Die Parkanlage liegt etwas außerhalb in der Nähe der Fasanerie. Hier wird die Geschichte der Rosen lebendig. Etwa 400 alte und längst vergessene Sorten blühen in den Sommermonaten in der kleinen Parkanlage in voller Pracht. Kleine Sitzgelegenheiten laden zum Verweilen und Innehalten ein. Und: Im Wildrosengarten ist als einem der ganz wenigen Orte der Zweibrücker Stadtverkehr fast nicht zu hören. Die Installation des Gartens war die Idee des Zweibrücker Stadtgartenbaudirektors Oskar Scheerer. Er wollte ein lebendiges „Rosenmuseum“ schaffen, in dem die in der freien Natur vorkommenden Wildrosen – sozusagen die Urrosen – gesammelt und ausgestellt werden können. Auch historische Rosen, die nicht mehr oder nur noch selten im Handel zu finden sind, sollten hier ihren Platz finden. Da Scheerer seinen Traum zu Lebzeiten nicht mehr umsetzen konnte, griff nach seinem Tod 1971 die Oskar-Scheerer-Stiftung das Projekt auf und unterstütze die Stadt Zweibrücken bei der Installation des Wildrosengartens.

Info

Adresse: Rosengartenstraße 50, 66482 Zweibrücken, Tel. 06332 9212302 (Verwaltung) oder Tel. 06332 9212611 (Kasse, nur während der Saison)

Öffnungszeiten: April und Oktober 9 bis 18 Uhr, Mai und September 9 bis 19 Uhr, Juni bis August 9 bis 20 Uhr, Montag immer erst ab 11 Uhr

Eintritt:

- Rosengarten: 5,50 EUR, ermäßigt 3,50 EUR, Kinder 6 bis 17 Jahre 2 EUR, Familien 15 EUR
- Wildrosengarten: frei, öffentliche Parkanlage ohne Zugangsbeschränkungen, kostenfreie Parkplätze vorhanden

Website: *rosengarten-zweibruecken.de*

HINWEISE:

- Im Sommer findet im Rosengarten jeden Sonntag eine kostenlose Konzertreihe „Picknick im Park“ statt. Außerdem gibt es die Zweibrücker Rosentage mit dem „Fest der 1000 Lichter“, verschiedene Gartenmärkte, Rosenschnittkurse, kostenfreies Qi Gong und die jährliche Rosenwahl.
- Im Jahr 1980 wurde der Rosenweg – die Verbindung zwischen dem Rosengarten und dem Wildrosengarten – angelegt. Die Strecke ist knapp drei Kilometer lang und dauert etwa 45 Minuten.

40 Wasserschaupfad Herschberg

Bäche, Weiher und Wooge sind ein oft gesehenes Naturschauspiel in der Pfalz. Wasserfälle dagegen sind eher rar gesät. Im Odenbachtal bei Herschberg gibt es allerdings gleich zwei herabstürzende Bäche als Highlight auf dem Wasserschaupfad.

Wasser in allen Facetten

Das Odenbachtal mit seinen bizarren Felsen, dem bunten Sandstein und den klammartigen Einschnitten ist Schauplatz des liebevoll angelegten Wasserschaupfades bei Herschberg. Hier hat die Natur mit der Urgewalt des Wassers eine ganz besondere Landschaftsidylle hinterlassen. Die beliebte fünf Kilometer lange Rundwandertour ohne Steigung startet am Parkplatz der bewirtschafteten Weihermühle. Die ist der letzte Nachweis an eine viele Jahrhunderte zurückliegende Besiedlung des Odenbachtals. Von hier geht es wenige Meter über eine asphaltierte Straße talaufwärts, bevor links der Zugang zum Pfad beginnt. Im weitläufigen Wiesental geht es vorbei an einer Weide mit Auerochsen, die gemächlich die Grashalme abzupfen. Vorsicht am Elektrozaun, der sorgt bei Kindern und Hunden für weniger schöne Momente. Die erste Begegnung mit Wasser gibt es dann an den Fischweihern. Überall verstecken sich kleine Infotafeln mit allerlei spannendem Wissen rund um Wald, Wasser und Felsen. Wer hätte gedacht, dass die Felsformationen Kugelfelshorizont heißen? Einheimische erzählen, dass hier Ritter Franz von Sickingen faustgroße Kugeln für seine Kanonen gesammelt hat. Möglich wäre es.

Auf dem Weg zum absoluten Highlight sind bereits überall kleine Wasserbäche ins Tal zu entdecken. Dann ist es soweit: Der Felsenkessel mit seinen zwei Wasserfällen tut sich auf. Hier kommt man sich tatsächlich vor wie in einem halb geöffneten Suppenkessel. Der Odenbach plätschert in freiem Fall je nach Wetterlage und Wasserstand in einen Tümpel oder gar in einen kleinen Teich in der Mitte. Einen Wasserfall vollständig umrunden? Hier durchaus möglich. Wer möchte, kann sich die Wassermassen sogar über die Hände laufen lassen oder das Schauspiel bei einer

Feine Eisnadeln

Rast auf einer der Sitzbänke genießen. Eine einmalige Begegnung mit Mutter Natur.

Ob die aufblühende Natur im Frühjahr, das bunte Herbstlaub mit goldener Lichtstimmung im Herbst, oder die grünen Bäume im Hochsommer – der Wasserschaupfad ist zu jeder Jahreszeit ein Erlebnis. Doch wer die Möglichkeit hat, sollte in jedem Fall bei klirrender Kälte dem Wasserfall im Kessel einen Besuch abstatten. Denn dann ist das herabfließende Wasser zu einer Eisfront festgefroren, und wann kann man in der Pfalz schon einmal einen gefrorenen Wasserfall entdecken? Wer Glück hat, trifft auf ein seltenes Phänomen: Haareis oder auch Eiswolle genannt. Die feinen Eisnadeln bilden sich durch einen bestimmten Pilz auf feuchtem und morschem Totholz und wach-

Mächtige Eiszapfen

sen von innen nach außen. Ein spannender Anblick!

Kurioses Phänomen: Haareis

Der Rückweg verläuft dann nicht weniger idyllisch auf der anderen Seite des Tals zurück zur Weihermühle. Wer mehr Zeit mitbringt, der kann die Rundtouren durch den von Sandsteinfelsen durchzogenen Wald auch auf über elf oder sogar 15 Kilometer verlängern, die Wege sind ausgeschildert, führen alle ebenfalls am Kessel vorbei und starten und enden an der Mühle.

Info

Adresse: Weihermühle 1, 66919 Herschberg

Anfahrt: In Herschberg Richtung Thaleischweiler-Fröschen, Abfahrt Weihermühle

- Von Thaleischweiler-Fröschen aus kommend Richtung Wallhalben, Abfahrt Weihermühle

Einkehr:

- Landhotel Weihermühle: Weihermühle 1, 66919 Herschberg, Tel. 06334 5584, *landhotel-weihermuehle.de*
- Hüthers Holzmühle: Gutenbergstraße 24, 66987 Thaleischweiler-Fröschen, Tel. 06334 2056, *holzmuehle.de*

Unterkünfte:

- Landhotel Weihermühle: Weihermühle 1, 66919 Herschberg, Tel. 06334 5584, *landgasthof-weihermuehle.com*
- Landgrafen-Mühle: Landstuhler Straße 48, 66917 Wallhalben, Tel. 06375 994530, *landgrafenmuehle.de*

Website: *weihermühle.com*

41 Gelterswoog

BADESPASS BEI KAISERSLAUTERN

Im Pfälzerwald sucht man leider vergeblich nach großen Badeseen. Dafür laden eine ganze Reihe badetauglicher Wooge zum Schwimmen und Boot fahren ein. Entstanden sie die bereits im Mittelalter, als Fischer eine ganze Reiher Wooge angelegt haben, um darin ihre Fischzucht zu betreiben. Inzwischen sind viele Weiher wieder trockengelegt, doch der Gelterswoog hat den Zahn der Zeit überstanden. Dennoch läuft hier alles unter dem Stichwort: Nostalgie. Der Kiosk am Strandbad entführt mit seinen alten Beschriftungen wie „Kolonialwaren" und „Im- und Export" noch immer in die Zeit der 1950er-Jahre. Seit der Nachkriegszeit hat sich hier kaum etwas verändert. Nur das Baden ist inzwischen deutlich einfacher geworden. 1926 wurde der See zwar als Badegewässer freigegeben, doch bis in der Mitte des vergangenen Jahrhunderts war es noch verboten, hier seine Bahnen zu ziehen. Trotzdem war der Gelterswoog mit seinen blühenden Seerosen und dem hohen Tannenwald schon damals ein beliebter Anziehungspunkt für abenteuerlustige Jugendliche. Damals patrouillierten allerdings Förster und

Viel grüne Natur, flache Ufer, ein rostroter Sandstrand und gemütliche Liegewiesen – so idyllisch präsentiert sich der Gelterswoog Badefreunden und Sonnenanbetern. Steigen die Temperaturen im Sommer auf mehr als 21 Grad, öffnet das Strandbad seine Tore.

Abendstimmung am Woog

Pfarrer um den Woog und kassierten die Kleider der Schwimmer. Die mussten dann wie Gott sie schuf den Heimweg antreten.

Sportler ziehen im Kanu ihre Bahnen.

Die pure Idylle mitten im Wald

Heute können sich Besucher allerdings ganz unbesonnen am 300 Meter langen Sandstrand vergnügen. Auf einer großen Wiese kann man Fußball oder Frisbee spielen, für die Kleinen gibt es einen Spielplatz, eine Minigolfanlage und natürlich ausreichend Platz, um Sandburgen zu bauen. Auch ein Kanu-, Ruder- und Tretbootverleih ist vorhanden, und wer möchte, kann sich natürlich auch mit seinem mitgebrachten Schlauchboot über den See treiben lassen. Der Gelterswoog hat seit vielen Jahren eine ausgezeichnete Wasserqualität und abgegrenzte Schutzzonen bieten der Tierwelt Ruhe vor dem Trubel im Strandbad.

Wer sich hier etwas länger erholen möchte, der findet mit etwas Glück noch ein Plätzchen auf dem Campingplatz am Südufer. Tipp: Für 25 Euro pro Tag lässt sich ein Grillplatz im Freien anmieten.

Info

Lage: Strandbad Gelterswoog an der B270 (Stadtteil Hohenecken)

Öffnungszeiten: Bitte immer auf der Homepage auf aktuelle Wetter-Änderungen prüfen; Mai bis September täglich 10 bis 20 Uhr, außer Montag, dann ab 12 bis 19 Uhr

Eintritt: 4 EUR, Kinder ab 6 Jahre 2 EUR; Bootsverleih: ab 3 EUR pro Person

Einkehr und Unterkunft:

- Seehotel Gelterswoog: Gelterswoog 20, 67661 Kaiserslautern, Tel. 0631 35300, *seehotel-gelterswoog.de*

Camping am Gelterswoog: Stellplatz ab 16 EUR, *camping.info/de/campingplatz/campingplatz-am-gelterswoog*

Website: *gelterswoog.com*

HINWEIS: Bei schlechtem Wetter kann der See geschlossen sein. Bitte vor Anreise erkundigen.

42 Hexenklamm Pirmasens

WO DIE WILDEN HEXEN HAUSEN

Ein wahres Juwel zu jeder Jahreszeit ist die Hexenklamm ganz in der Nähe von Pirmasens. Die wildromantische und sagenumwobene Felsenschlucht ist über eine kurze Rundtour einfach zu erreichen und beeindruckt mit kleinen Wasserfällen und moosbewachsenen Felsen.

Wenn die Sonne durch das dichte Blätterdach bricht und der Morgentau auf dem grünen Moos glitzert, fühlt man sich sofort wie in einer anderen Welt. Die Hexenklamm mit ihrer außergewöhnlichen Flora und Fauna wirkt auf den ersten Blick wie ein kleines Wunderland, in dem Feen und Elfen zu Hause sind. Hier wachsen seltene heimische Orchideenarten, wildwachsende Kräuter und große Farne, die der Klamm eine mystische Aura verleihen.

Am Rande der Klamm

Starten und parken kann man direkt am Sportheim in Gersbach. Von hier gibt es zwei Möglichkeiten, die Klamm zu erreichen: entweder auf direktem Weg oder über den längeren Rundweg, der unter anderem an der Stockwaldhütte und der Eichelsbachermühle vorbeiführt, die beide mit pfälzischer Hausmannskost zur Einkehr einladen. Die recht kurze Tour ist geprägt von kleinen Wasserfällen, plätschernden Bachläufen, tief eingeschnittenen Kerbtälern, Felsformationen und nicht zuletzt einem wunderschönen Panoramablick über Pirmasens. Der Höhepunkt der Tour – die Hexenklamm und ihre eindrucksvolle Schlucht – ist während des Rundweges von oberhalb der Klamm einsehbar und kann auch von unten erkundet werden. Ganz versteckt findet sich inmitten der Klamm auch ein uriger Rastplatz, der zum Genießen und Verweilen einlädt. Doch Vorsicht, man

Fast wie im Dschungel

weiß nie, welch ungewöhnliche Kreaturen sich unter bemoosten Steinen, Felsvorsprüngen oder in den ausgewaschenen Höhlen verstecken und nur darauf warten ihr Unwesen zu treiben!

Hier geht man besser bei Tageslicht wandern.

Denn der Sage nach wimmelt es in der Schlucht zumindest von Hexen, die nach Mitternacht Wanderern ihre Streiche spielen. So gab es einmal einen Fuhrmann, der mit seinem Wagen nach einer feucht-fröhlichen Nacht den Heimweg antrat und dabei die Klamm passieren musste. Die Hexen machten sich einen Spaß und führten den armen Knecht in die Irre, sodass er immer wieder den gleichen Weg durch die Schlucht nehmen musste, ohne seiner Heimatstadt auch nur einen Schritt näher zu kommen. Erst nach einer Stunde Fahrt entließen ihn die Hexen aus ihren Fängen. Seither wird Wanderern der gute Rat gegeben, möglichst nicht zur Geisterstunde den Weg durch die Hexenklamm zu laufen, da sonst die Heimreise um einiges länger dauern könnte.

Info

Startpunkt und Parkplatz: Sportheim SV Gersbach: Montag bis Mittwoch, Freitag und Samstag ab 15:30 Uhr, Sonntag ab 10 Uhr, Donnerstag Ruhetag; Am Sportplatz 1, 66954 Pirmasens, Tel. 06331 91388

Wanderung: 6,5 Kilometer, knapp zwei Stunden, mittelschwer

Einkehr:

- PWV Stockwaldhütte: Mittwoch bis Samstag 12 bis 20 Uhr, Sonn- und Feiertag 10 bis 19 Uhr; Am Stockwald 37, 66954 Pirmasens-Winzeln, Tel. 06331 98829, *stockwaldhütte.de*
- Eichelsbacher Mühle: Freitag 17 bis 21 Uhr, Samstag und Sonntag 12 bis 21 Uhr; Eichelsbachermühle 1, 66954 Pirmasens, Tel. 06331 8089921, *eichelsbachermuehle.de*
- Von beiden Lokalitäten aus kann man die Tour auch beginnen.

Unterkunft:

- Hotel Martz: Blumenstraße 8, 66953 Pirmasens, Tel. 06331 508813, *hotel-martz.de*

43 Japanischer Garten Kaiserslautern

EINE REISE INS WEIT ENTFERNTE ASIEN

Um die Schönheit und die meditative Wirkung eines japanischen Gartens genießen zu dürfen, muss man nicht extra ins weit entfernte Japan reisen. Stattdessen reicht ein Ausflug nach Kaiserslautern. Dort befindet sich mitten in der Stadt ein Ort der Ruhe und Besinnung, der ein Stück Fernost in die Pfalz bringt.

Der im April 2000 eröffnete Japanische Garten in Kaiserslautern zählt mit seinen 13.500 Quadratmetern zu den größten und schönsten seiner Art in Europa. Die Idee für eine japanische Gartengestaltung entstand erstmals 1993 beim Besuch einer Kaiserslauterer Delegation in der japanischen Partnerstadt Bunkyo-ku. Nach drei Jahren Suche fiel die Wahl auf einen völlig verwilderten Park, der einst aus zwei gründerzeitlichen Villengärten bestand, die jedoch nach der Kriegszerstörung über 50 Jahre lang ungenutzt in Vergessenheit gerieten. Doch mit unermüdlichem Tatendrang wurde das Dickicht aus dem Dornröschenschlaf geweckt und in einen magischen Ort verwandelt.

Sobald man durch eine der beiden Eingangspforten den Park betritt, ist seine beeindruckend harmonische Wirkung spürbar. Teiche, Wasserfälle, Steinsetzungen, Kieswege, Moosgärten und Steinlaternen – alles wurde so konzipiert, dass ein kunstvoll gestaltetes Bild aus Kraft und Ruhe sowie Licht und Schatten entstanden ist.

Das japanische Torii führt in den Garten.

Durch den Garten führt ein Rundweg, der um einen großen Koi-Karpfen-Teich führt, der von Japanischen Zierkirschen, Kamelien und Azaleen umringt ist. Auch Rhododendron, Fächer-Ahorn, Bambus und seltene Tulpenbäume wurden gepflanzt. Die über 100 Jahre alten heimischen Blutbuchen und riesigen Baumhaseln bilden einen harmonierenden Kontrast zu der japanischen Vegetation.

Im Wegekonzept des Gartens gibt es keine geraden Achsen und keine Symmetrie. Die schmalen Kieswege ordnen sich stattdessen der Landschaft unter und bieten dem Besucher dadurch

Eine Brücke aus Steinen

hinter jeder Ecke ein neues Erlebnis. Anstatt der Wege ist das Wasser das Leitmotiv des Gartens – egal ob als stiller See, leise plätschernder Bachlauf oder tosender Wasserfall. Damit wird es zum Symbol für den Lauf des Lebens und steht gleichermaßen für Ruhe, Bewegung und die dramatischen Ereignisse, die im Alltag immer wieder auf uns herabstürzen wie ein Wasserfall. Alle Wasseranlagen des Japanischen Gartens sind durch ein System miteinander verbunden, symbolhaft für den ewigen Kreislauf des Lebens im Buddhismus.

Eine der Hauptattraktionen ist inzwischen das Teehaus. Ursprünglich war es 1900 als Gästehaus in einem Park in Tokio aufgebaut worden. 1983 ging es in den Besitz eines deutschen Privatmannes über, der es in seine Einzelteile zerlegen ließ, um es in Deutschland originalgetreu wieder zu errichten. Mit Unterstützung der „EXPO Memorial Foundation" in Osaka kaufte die Stadt Kaiserslautern 2003 das Gästehaus, um es im Japanischen Garten Kaiserslautern als Teehaus erneut aufzubauen. Heute steht es am Kopfende des oberen Teichs. Regelmäßig kann einer japanischen Tee-Zeremonie beigewohnt werden.

Ein blühender Kirschbaum

Am östlichen Rand des Japanischen Gartens wurde 2004 ein weiterer Ort der Ruhe geschaffen: der Zen-Garten. Der im Stil eines Stein- und Moosgartens geschaffene Garten orientiert sich am Originalbild des Zen-Gartens des Ryoanji-Tempels der alten Kaiserstadt Kyoto, der 1577 entstanden ist und als die Perfektion des goldenen Schnitts gilt. Der nahegelegene Berggarten Tsukiyama am höchsten Punkt der Anlage spiegelt die Hochgebirgsregion der Insel Japan wider.

Info

Adresse: Japanischer Garten Kaiserslautern e. V.: Am Abendsberg 1, 67657 Kaiserslautern, Tel. 0631 3706600, *info@japanischergarten.de*

Anfahrt: Autobahnabfahrt Kaiserslautern-Ost/KL-West Richtung Stadtmitte/Gartenschau. Der Japanische Garten liegt unmittelbar im Stadtzentrum an der Nordtangente/Lauterstraße zwischen Rathaus und Gartenschau/Kammgarngelände.

Parkplätze: in der Meuthstraße und Burgstraße

Zugänge: Der Haupteingang und -ausgang „Am Abendsberg" im Osten der Gartenanlage gegenüber der Kreisverwaltung ist nur etwa 100 Meter vom Kaiserslauterer Rathaus entfernt und barrierefrei angelegt. An den Wochenenden, Sonn- und Feiertagen kann das Parkdeck der Kreisverwaltung von Besuchern des Japanischen Gartens während der Öffnungszeiten kostenlos benutzt werden. Diese Parkmöglichkeit befindet sich genau gegenüber dem Haupteingang „Am Abendsberg". Die Schrankenanlage ist in dem genannten Zeitraum geöffnet.

Öffnungszeiten: April und Oktober 10 bis 18 Uhr, Mai bis September 10 bis 19 Uhr. Kassenschluss ist 15 Minuten früher. Montags geschlossen

Eintritt: 6,50 EUR, Kinder bis 17 Jahre 5,50 EUR, Kinder bis 11 Jahre sind frei.

Website: *japanischergarten.de*

HINWEIS: Die Teezeremonien werden durchgeführt von einer Deutsch sprechenden japanischen Teemeisterin; etwa 1,5 Stunden, Preise auf Anfrage. Die Gruppengröße ist auf acht Teilnehmer pro Zeremonie begrenzt.

Das Hambacher Schloss

Deutsche Weinstraße

44. Lavendelfelder im Leiningerland: der Duft der Provence
45. Das Hambacher Schloss: die Wiege der Demokratie
46. Pfälzer Mandelpfad: wandern im rosaroten Blütenrausch

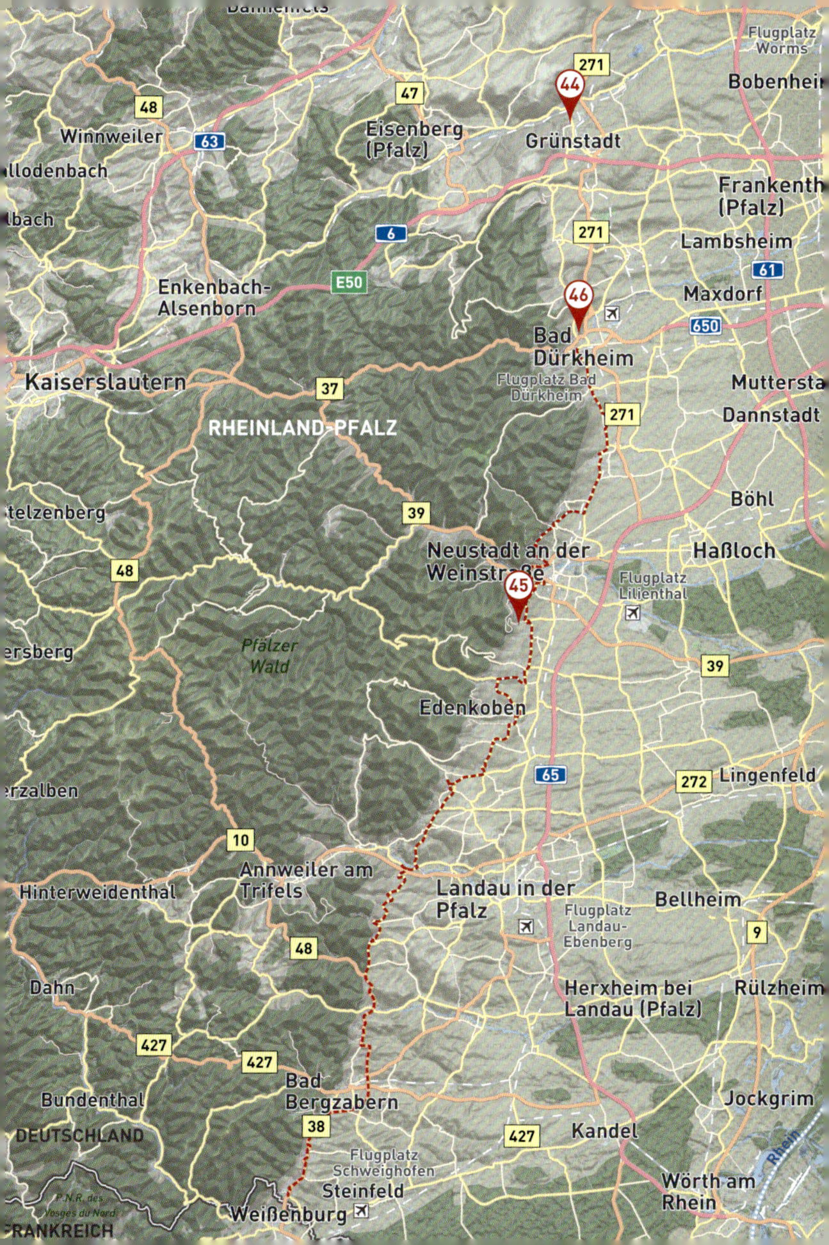

Flugplatz Worms
271
Bobenhei
48
47
44
Winnweiler
63
Eisenberg (Pfalz)
Grünstadt
llodenbach
Frankenth (Pfalz)
lbach
6
271
Lambsheim
61
E50
Enkenbach-Alsenborn
46
Maxdorf
650
Bad Dürkheim
Kaiserslautern
37
Flugplatz Bad Dürkheim
Muttersta
RHEINLAND-PFALZ
271
Dannstadt
Böhl
telzenberg
39
Neustadt an der Weinstraße
Haßloch
48
45
Flugplatz Lilienthal
ersberg
Pfälzer Wald
39
Edenkoben
65
272
Lingenfeld
rzalben
10
Annweiler am Trifels
Hinterweidenthal
Landau in der Pfalz
Flugplatz Landau-Ebenberg
Bellheim
9
48
Dahn
Herxheim bei Landau (Pfalz)
Rülzheim
427
427
Bad Bergzabern
Bundenthal
Jockgrim
DEUTSCHLAND
38
427
Kandel
Rhein
Flugplatz Schweighofen
Steinfeld
Wörth am Rhein
Weißenburg
RANKREICH

44 Lavendelfelder im Leiningerland

DER DUFT DER PROVENCE

Auf rund hundert Quadratmetern haben Anne und Matthias Gaul neben ihrem Weingut in Asselheim ein Stück Südfrankreich nach Deutschland geholt. Ganz ohne Mauern oder Zäune können Besucher hier 14 Lavendelreihen in sattem Violett bestaunen – und riechen. Eigentlich ist der Schwerpunkt der Familie Gaul – wie könnte es in der Pfalz auch anders sein – der Wein. Matthias Gaul betreibt den Familienbetrieb, der besonders für seinen Pinot Noir bekannt ist, bereits in vierter Generation. Das Spitzenweingut kann sich vor Auszeichnungen kaum retten. Doch jetzt ziehen die lila Lavendelfelder inmitten der Weinberge plötzlich die ganze Aufmerksamkeit auf sich.

In Asselheim bei Grünstadt fühlt man sich wie in die Provence versetzt. Hier, an der Landstraße Richtung Albsheim, befindet sich das derzeit einzige Lavendelfeld der Pfalz. Noch ein echter Geheimtipp, bietet sich doch besonders zum Sonnenuntergang im Sommer ein einzigartiges Bild mitsamt Urlaubsfeeling.

Bevor die 14 Reihen mit zwei unterschiedlichen Lavendelsorten 2018 bepflanzt wurden, sammelten die Gauls auf einem versteckten Versuchsfeld erste Erfahrungen mit dem Kultivieren der Pflanzen aus dem Mittelmeerraum. Weil die Pfalz mit ihrem mediterranen Klima, der vielen Sonneneinstrahlung und den kalkhaltigen Böden ein idealer Lebensraum für Lavendel bietet, konnte das Großprojekt schon bald starten.

Anne Gaul ist selbst gebürtige Französin, eine Winzertochter aus dem Elsass. So brachte das Ehepaar die Jungpflanzen aus ihrer Lieblingsurlaubsgegend, dem Luberon in der Provence, selbst mit. Das Feld wird rein biologisch bewirtschaftet, geerntet wird Ende Juli oder Anfang August ganz traditionell mit der Sichel und in der Mittagssonne, wenn die Essenz besonders stark duftet. Während es die Lavendelsträuße und -säckchen dann im Hofladen zu kaufen gibt, geht ein Teil der Ernte zum Destillieren des Öls zurück nach Südfrankreich. Was mit dem Öl später passieren soll, ist derzeit noch offen, doch einige Vermarktungsideen sind schon in Planung.

Lavendelfelder bis zum Horizont

Bis dahin lockt der betörende Duft eine Vielzahl an Bienen, Hummeln und zahlreichen Schmetterlingen an, die die lila Augenweide in ein summendes Meer verwandeln. Im warmen Licht des Sonnenuntergangs werden die Blütenrispen zu einem beliebten Fotomotiv. Schließlich ist der Anblick der Pfälzer Provence mehr als malerisch.

Info

Adresse: Weingut Matthias Gaul: Weinstraße 10, 67269 Grünstadt-Asselheim, Tel. 06359 86575, *gaul@gaul-weine.de*

Anfahrt: Landstraße L395 Richtung Albsheim

Öffnungszeiten: Montag bis Freitag 8 bis 12 Uhr und 13 bis 18 Uhr, Samstag 10 bis 12 Uhr und 13 bis 17 Uhr

Websites: *gaul-weine.de, blausinn.de*

45 Das Hambacher Schloss

DIE WIEGE DER DEMOKRATIE

Vom 27. Mai bis zum 1. Juni ging es auf dem Hambacher Schloss zu wie auf einem Volksfest. Doch zwischen bunten Buden, Garküchen und Karussells, Wein und Bier fand nicht etwa ein belangloser Jahrmarkt statt – sondern eher eines der bedeutendsten Ereignisse der deutschen Demokratiegeschichte: das Hambacher Fest. Etwa 30.000 Menschen folgten dem Aufruf „Hinauf, hinauf zum Schloss!“ und ganze sechs Tage lang wurden durch verschiedene Redner die Vorstellungen einer neuen politischen Reform Deutschlands kundgetan.

Als im Mai 1832 zum ersten Mal die schwarz-rot-goldene Fahne auf dem Hambacher Schloss geschwungen wurde, konnten die Menschen nur bedingt erahnen, dass dieser Tag in die deutsche Geschichte eingehen würde. Noch heute folgen viele Besucher dem Aufruf „Hinauf, hinauf zum Schloss!“ und erleben in der spannenden Dauerausstellung die Ereignisse von damals hautnah.

Gehörte die Pfalz bis 1815 noch zur französischen Republik, fiel die Rheinpfalz nach dem Ende der Napoleonischen Herrschaft an das sehr viel rückschrittlichere Königreich Bayern. Das Recht der Bürger auf die Freiheit der eigenen Person, des Eigentums und des Gewerbes, unabhängige Richter, öffentliche Gerichtsverfahren – all das gehörte der Vergangenheit an, der Einschnitt in die Freiheitsrechte war enorm. Deutschland zersplitterte in viele Territorien. Der Wunsch nach einer Einigung Deutschlands, genau wie der Ruf nach einer Demokratie als Regierungsform, wurde immer lauter.

Noch heute weht die deutsche Flagge hoch oben auf dem Schlossturm.

Die Redner auf dem Hambacher Fest verlangten eine Gleichberechtigung von Frauen und Männern, die Presse-, Meinungs- und Versammlungsfreiheit und ein Ende der Knechtschaft unter den Fürsten.

In der Dauerausstellung „Hinauf, hinauf zum Schloss" werden die historischen Ereignisse im Hambacher Schloss anschaulich, lebendig und mit vielen Bezügen zur Gegenwart dargestellt. So gibt es viele Informationen zur französischen Revolution und ihren Ausläufern bis zum Rhein, zum Alltag unter französischer Herrschaft und schließlich zur politischen Neuordnung bis hin zum wichtigen Hambacher Fest. Die Feiertage auf dem Schlossberg werden aus unterschiedlichen Blickwinkeln dargestellt, sodass auch jüngere Besucher sich besonders gut in die Geschehnisse hineinversetzen können. So erzählen beispielsweise der fiktive Journalist Johann aus Frankfurt, die Winzertochter Anna aus Dürkheim oder der Student August aus Heidelberg wie sie damals das historische Fest erlebten – Geschichte zum Anfassen.

„Hinauf, hinauf zum Schloss“

Ein besonderes Schmuckstück ist die original schwarz-rot-goldene Fahne mit der Aufschrift „Deutschlands Wiedergeburt“, die damals geschwungen und dann auf dem Schloss aufgestellt

Das Hambacher Fest als Playmobil-Inszenierung

wurde. Für die kleinen Besucher wurde das Hambacher Fest anhand 400 Playmobil-Figuren mit viel Liebe und sehr detailliert nachgestellt.

Wer nach all dem geschichtlichen Wissen eine Pause benötigt, der kann ganz gemütlich eine Runde über den eindrucksvollen Burghof drehen. Auf Informationstafeln lässt sich ablesen, was von der einstigen Burg heute noch im Original aus dem Mittelalter übriggeblieben ist und an welchen Stellen restauriert und umgebaut wurde. Vom Schlossplatz hat man einen weiten Blick über die gesamte Rheinebene.

Info

Adresse: Hambacher Schloss, 67434 Neustadt an der Weinstraße

Anfahrt: Über die A65 oder die B37, Abfahrt Neustadt an der Weinstraße-Süd (13) auf die B39. Dort der Beschilderung zum Ortsteil Hambach und zum Schloss folgen.

Parken: Ausreichende Parkmöglichkeiten sind in der Auf- und Abfahrt in der Freiheitsstraße, die direkt unterhalb des Schlossberges verläuft, vorhanden. Zum Schloss ist ein Fußweg von 15 bis 20 Minuten zurückzulegen.

Eintritt: Schlossbesichtigung plus Ausstellung 6,50 EUR, Schüler/Studenten 3 EUR, Kinder unter 6 Jahren frei

Öffnungszeiten: Dauerausstellung „Hinauf, hinauf zum Schloss!" zur deutschen Demokratiegeschichte und das Schloss ganzjährig täglich 10 bis 18 Uhr, November bis März 11 bis 17 Uhr

Einkehr:

- Restaurant 1832: direkt neben dem Schloss mit großer Panoramaterrasse, Tel. 06321 9597880, *restaurant@hambacherschloss.eu*, *hambacherschloss.eu/restaurant*

46 Pfälzer Mandelpfad

WANDERN IM ROSAROTEN BLÜTENRAUSCH

Während in vielen Regionen Deutschlands im März noch trübes Wintergrau den Alltag bestimmt, erwacht an der Deutschen Weinstraße der Frühling zum Leben. Zahlreiche Mandelbäume säumen den Weg und tauchen die Landschaft in ein rosa Farbenmeer.

Der Pfälzer Mandelpfad, oder auch der Weg des Frühlings, führt als 100 Kilometer langes Vergnügen in großen Teilen an der Deutschen Weinstraße vorbei. Ausgangspunkt an diesem sonnigen Rand des Pfälzerwaldes, an dem die ohnehin schon milden Temperaturen früh wieder ansteigen, ist im Norden das Haus der Deutschen Weinstraße in Bockenheim und im Süden das Deutsche Weintor in Schweigen-Rechtenbach. Dazwischen warten Mandelhaine und Alleen, urige Weindörfer, eine Rebenlandschaft bis zum Horizont und zu guter Letzt die vielen Mandelbäume, die im März und April in ihrer ganzen rosa Pracht erstrahlen.

Zarte Mandelblüten

Der Weg ist die meiste Zeit asphaltiert, sodass einzelne Abschnitte auch wunderbar mit dem Fahrrad zurückgelegt werden können. Offiziell ist der Pfälzer Mandelpfad in vier Tagesetappen aufgeteilt, die aber mit teilweise über 20 Kilometern Länge doch etwas mehr Zeit und Kondition in Anspruch nehmen. Da sich die Mandelbäume aber über die ganze Weinstraße verteilen, ist es kein Problem, einfach loszufahren, dort wo es gefällt anzuhalten und in das Blütenmeer einzutauchen. Unterwegs darf eine Einkehr in den vielen gemütlichen Weinstuben natürlich keinesfalls fehlen.

Wer die beeindruckende Landschaft bei Tag schon genossen hat, der sollte sich unbedingt noch Zeit nehmen und den Mandelpfad bei Nacht besuchen. Denn dann heißt es für die schönen Burgen, Schlösser, Kapellen, Kirchen und andere historischen Sehenswürdigkeiten: Vorhang auf und „Spot on". Unter anderem erstrahlen das Deutsche Weintor in Schweigen-Rechtenbach, das Schloss Bad Bergzabern, die Madenburg in Eschbach, Schloss Villa Ludwigshöhe in Edenkoben, das Hambacher Schloss und das Rathaus in Deidesheim während den Pfälzer Mandelwochen in zartem rosa und verzaubern die Nacht mit ihren wunderschönen Lichtspielen. Und auch an weiteren zahlreichen Events mangelt es in dieser Zeit nicht.

So bieten viele Weingüter spezielle Veranstaltungen in den Mandelwochen an und auch besondere Menüs finden ihren Weg auf die Speisekarte. Besonders schön: Auch die Weinkeller leuchten innen und außen in rosa. Es gibt Kochkurse rund um die Mandel, Touren mit dem Oldtimer-Panoramabus, geführte Wanderungen zu den allerschönsten Mandelbäumen (gibt es die überhaupt?) und entspannende Mandelblütenmassagen in einem der vielen Wellness-Hotels.

Im Abendrot leuchten die Mandelbäume besonders schön.

Wer ein Stück Frühling mit zu sich nach Hause nehmen möchte, der kann zum Beispiel ein duftendes Stück Mandelseife erstehen oder eine Flasche Mandellikör oder Mandelpralinen als Mitbringsel für die Liebsten einpacken. Und wer dafür sorgen will, dass die Mandelbäume jedes Jahr wieder so wundervoll erblühen, der kann sogar eine Patenschaft für einen Mandelbaum übernehmen.

Auch wenn ein Spaziergang entlang des Pfälzer Mandelpfades sich ganz besonders im März und April lohnt, bieten auch die anderen Jahreszeiten ihre Besonderheiten. Im April und im Mai sind die Obstwiesen mit Apfel, Kirsche und Zwetschge eine wahre Pracht, während im Juni dann die Weinreben blühen und die Ess-Kastanienhaine zum Naturschauspiel laden. Das große Finale wartet wiederum im Herbst auf die Besucher, wenn die Blätter sich bunt färben und in der Spätsommersonne leuchten. Zu empfehlen ist dann aber eher der Wanderweg der Deutschen Weinstraße, der einen ganz ähnlichen Streckenverlauf hat, aber des Öfteren von der Straße weg in den Pfälzerwald führt.

Info

Anfahrt: richtet sich je nach Startpunkt der einzelnen Etappen

Einkehr: Rösers Restaurant im Weinrefugium: Schlachthausstraße 1a, 67098 Bad Dürkheim, Tel. 06322 9881094, *roesers-restaurant.de*

- Weinschlössel: Kurtalstraße 10, 76887 Bad Bergzabern, Tel. 06343 933056, *ristorante-weinschloessel.de*

Unterkünfte:

- Hotel Bergzaberner Hof: Königstraße 55-57, 76887 Bad Bergzabern, Tel. 06343 936590, *bergzaberner-hof.de*
- Kurpark Hotel, Schlossplatz 1, 67098 Bad Dürkheim, Tel. 06322 79 70, *kurpark-hotel.de/index.php?lang=de*

Website: *mandelbluete-pfalz.de*

Pfälzer Bergland / Nordpfalz

Blick auf Obermoschel

Pfälzer Bergland / Nordpfalz

47. Draisinenfahrt durch das Glantal: Spaß auf alten Eisenbahnschienen
48. Unterwegs auf dem Pfälzer Höhenweg: auf sieben Etappen durch die Pfalz
49. Pfälzisches Bergbaumuseum in Imsbach: Abenteuer unter Tage
50. Burg Nanstein bei Landstuhl: der Untergang des deutschen Rittertums

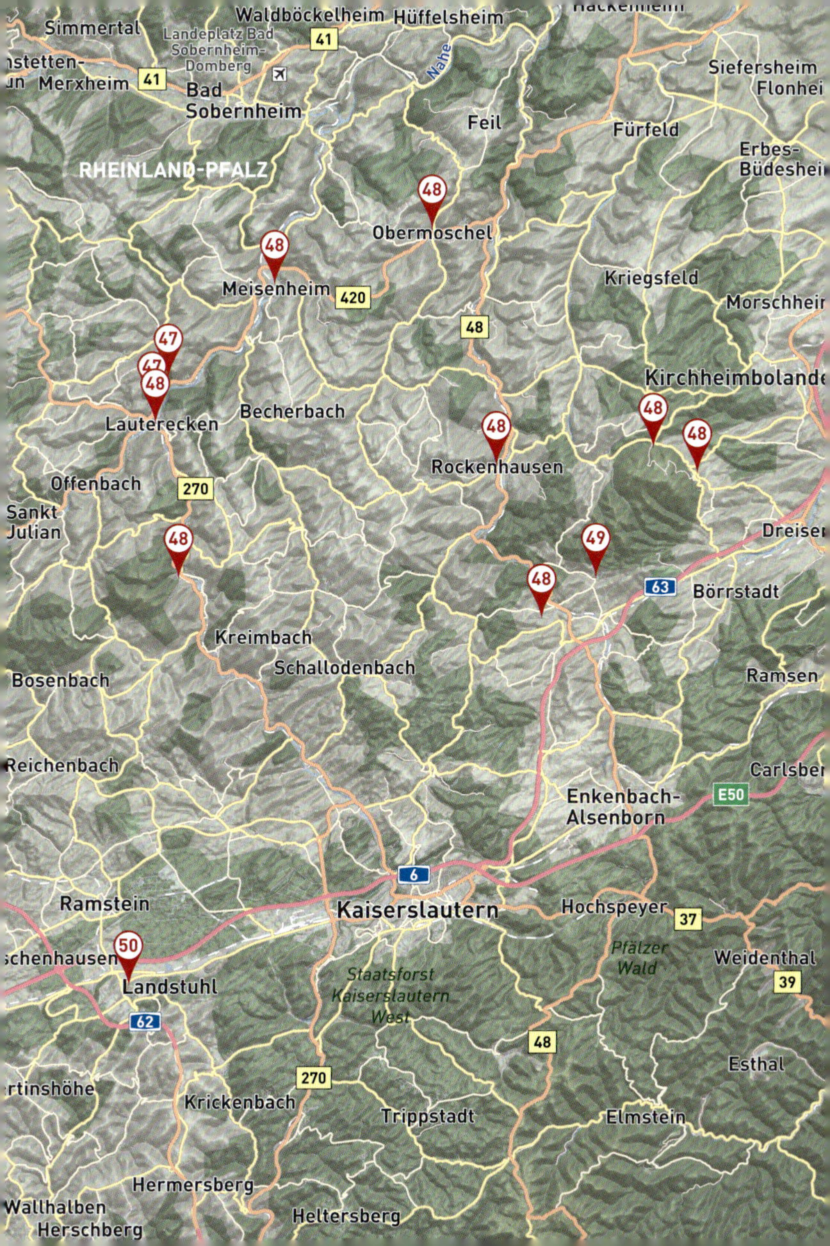
Waldböckelheim
Hüffelsheim
Simmertal
Landeplatz Bad Sobernheim-Domberg
Merxheim
Bad Sobernheim
Nahe
Feil
Fürfeld
Siefersheim
RHEINLAND-PFALZ
Obermoschel
Meisenheim
Kriegsfeld
Becherbach
Lauterecken
Kirchheimbolanden
Rockenhausen
Offenbach
Sankt Julian
Dreisen
Börrstadt
Kreimbach
Schallodenbach
Bosenbach
Ramsen
Reichenbach
Enkenbach-Alsenborn
Ramstein
Kaiserslautern
Hochspeyer
Pfälzer Wald
Weidenthal
Landstuhl
Staatsforst Kaiserslautern West
Esthal
Krickenbach
Trippstadt
Elmstein
Hermersberg
Wallhalben
Herschberg
Heltersberg

47 Draisinenfahrt durch das Glantal

SPASS AUF ALTEN EISENBAHNSCHIENEN

Auf einer still gelegten Bahnstrecke zwischen Altenglan und Staudernheim wartet ein Erlebnis der besonderen Art: eine Fahrt auf einer Draisine. Die gemütliche Tour ist ein Spaß für die ganze Familie.

Wer genug vom Wandern hat und die Idylle des Glantals im Pfälzer Bergland gerne einmal aus einer anderen Perspektive sehen möchte, der sollte sich mitsamt Freunden und Familie auf eine Draisinentour begeben. Die vierrädrigen Bahndienstfahrzeuge, die früher als Hilfsfahrzeuge zur Inspektion von Schienen oder auch zum Transport von Werkzeug verwendet wurden, werden nur durch die eigene Muskelkraft angetrieben. Da sie wie ein kleiner Zugwaggon auf den Schienen fahren, muss nicht gelenkt werden. Stattdessen bietet sich viel Zeit, die Landschaft zu genießen und sich während der Fahrt gemütlich zu unterhalten.

Fahrt durch den Wald

Die Draisinenstrecke zwischen Altenglan und Staudernheim kann von unterschiedlichen Draisinen befahren werden. So bietet die Fahrraddraisine Platz für vier Personen und die Konferenzdraisine hat sieben Plätze. Beide werden wie bei einem Fahrrad mit Pedalen angetrieben. Wer mehr Kraft in den Armen hat, der kann die Fahrt mit einer Handhebeldraisine antreten. Während vier Fahrer mit dem Handhebel pumpen müssen, können bis zu neun Mitfahrer auf der Draisine Platz nehmen. Auch barrierefreie Draisinen, eine Elektro-Draisine mit Hilfsmotor oder eine Planwa-

Mit Teamwork klappt alles.

Abstecher zur Historischen Ölmühle

gendraisine, die von einem Traktor gezogen wird und sich für größere Gruppen anbietet, können ausgeliehen werden.

Los geht die wilde Fahrt jeweils entweder in Altenglan oder in Staudernheim, wobei die Fahrtrichtung jeweils vom Wochentag abhängig ist. So fährt die Fahrraddraisine beispielsweise an ungeraden Kalendertagen von Altenglan los und an geraden Kalendertagen umgekehrt von Staudernheim. Unterwegs gibt es je nach Tourlänge (entweder 20 oder 40 Kilometer) bis zu 28 Haltepunkte mit Sehenswürdigkeiten, die zu einer Erkundungstour einladen. So lohnen sich zum Beispiel die kleinen Städtchen Lauterecken und Meisenheim am Glan mit seinem mittelalterlichen Stadtbild als Abstecher vom Gleis. Die Historische Ölmühle in Sankt Julian, die Klosterruine Disibodenberg in Odernheim oder der Barfußpfad an der Nahe in Staudernheim sind weitere spannende Ausflugsziele.

Ein Spaß für die ganze Familie

Die Rückfahrt zum jeweiligen Startpunkt erfolgt dann ganz einfach mit öffentlichen Verkehrsmitteln entlang der Strecke.

Draisinen gibt es in allen Farben.

Info

Anfahrt: Jeweils mit dem Auto oder dem Bus zu den Bahnhöfen Altenglan, Staudernheim oder Lauterecken. Dort befinden sich Parkplätze.

Öffnungszeiten: 9 bis 18 Uhr

Preise pro Draisine für einen ganzen Tag:

- Fahrraddraisine ab 39 EUR
- Konferenzdraisine ab 69 EUR
- Elektrodraisine ab 92 EUR
- Barrierefreie Draisine ab 39 EUR
- Handhebeldraisine ab 110 EUR
- Planwagendraisine ab 190 EUR (hier wird stündlich abkassiert)

Website: *draisinentour.de*

HINWEISE:

- Unterwegs gibt es in jedem Dorf viele Gaststätten und Restaurants, aber auch ausreichend Picknickplätze.
- Draisinen können während der Erkundung und den Pausen an jedem Haltepunkt abgestellt werden.

48 Unterwegs auf dem Pfälzer Höhenweg

AUF SIEBEN ETAPPEN DURCH DIE PFALZ

Er ist Wahrzeichen und zugleich Namensgeber der Region und mit 687 Metern die höchste Erhebung in der Pfalz: der Donnersberg. Wer hier oben die Aussicht vom Ludwigsturm oder dem Königsstuhl genossen hat, der kann von sich behaupten, den höchsten Ort der Pfalz erklommen zu haben. Wer den kompletten Pfälzer Höhenweg bestreiten möchte, der erreicht den Donnersberg in der zweiten Etappe von insgesamt sieben Teilabschnitten. Offizieller Start des gesamten 114 Kilometer langen Weges ist unmittelbar im historischen Ortskern von Winnweiler am Donnersberg. Von hier geht es steil bergauf zum Gipfel des Kreuzberges und zu der Wallfahrtskapelle, bevor man den ehemaligen Bergmannsort Imsbach streift. Hier lohnt sich eine Besichtigung des Besucherbergwerkes und des Bergbaumuseums. Die erste Etappe endet in Dannenfels.

Weite Hügelketten, dichte Wälder, auslaufende Täler mit grünen Wiesen, Äckern und Weinbergen und eindrucksvolle Aussichten: Der Pfälzer Höhenweg garantiert jede Menge Abwechslung. Auf 114 Kilometern geht es so hoch hinaus wie sonst nirgendwo in der Pfalz.

Im zweiten Teilabschnitt geht es dann auf idyllischen Waldpfaden hoch hinauf auf den Donnersberg. Auf der Strecke sollte man unbedingt eine Rast am Adlerbogen einplanen. Der Bogen aus Metall versteckt sich auf

Das grüne Hügelmeer entlang des Pfälzer Höhenwegs

zwei gegenüberliegenden Felsen des Nordpfälzer Berglandes. Er erinnert seit 1880 an das Leid des Volkes im Deutsch-Französischen Krieg und sollte die Pfalzgrenzen sichern. Auf dem linken Sockel steht eine Standfigur von Generalfeldmarschall Moltke, auf dem rechten Sockel thront Fürst von Bismarck. Ganz oben auf der Bogenstange sitzt ein stählerner Adler. Im Zweiten Weltkrieg verlor letzterer durch den Schuss eines Soldaten seinen Kopf und musste bis 1981 auf einen neuen warten.

Die Aussicht ist hier etwas ganz Besonderes. Obwohl man noch nicht auf dem Gipfel des Donnersbergs angekommen ist, versperrt hier nichts die Sicht. Bis zum Berggipfel ist es nicht mehr weit, unterwegs wandert man ein Stück entlang des keltischen Skulpturenwegs, der vom Keltendorf in

Bitte nicht klettern!

Der Adlerbogen auf dem Donnersberg

Steinbach bis zum Ludwigsturm geht. Unterwegs gibt es allerlei keltische Symbole mit Infotafeln zu entdecken wie zum Beispiel einen Eber und einen Stier – Opfertiere der Kelten. Der denkmalgeschützte, 27 Meter hohe Ludwigsturm ist dann der höchste Punkt, bei gutem Wetter reicht die Sicht bis nach Frankfurt.

Der Ludwigsturm

Die restlichen Etappen führen über Rockenhausen, Obermoschel, Meisenheim und Lauterecken bis in die kleine Stadt Wolfstein am Fuße des Königsbergs. Unterwegs warten zahlreiche malerische Wegpunkte und eine mehr als abwechslungsreiche Naturlandschaft auf die Wanderer. Es gibt einige steile Auf- und Abstiege, die mitunter je nach Jahreszeit ein wenig Wandererfahrung verlangen. Eine gute Kondition ist in jedem Fall nötig, obwohl einige Teilabschnitte etwas einfacher sind als andere. Dennoch wird jeder einzelne Aufstieg mit einer mehr als grandiosen Aussicht belohnt, und die zahlreichen Momente des Ausruhens und Loslassens fernab vom stressigen Alltag sorgen für pure Entspannung.

Info

Anfahrt für den Start in Winnweiler: Auf der A63 bis Ausfahrt Winnweiler, dann weiter über die B48 nach Winnweiler; oder auf der A6 bis zur Ausfahrt Enkenbach-Alsenborn, dann weiter auf der B48 bis nach Winnweiler

Parken:

- In Winnweiler, Parkplatz Lorentz-Steinbrückner-Weg am Bahnhof
- Jede einzelne Etappe hat Parkplätze direkt zu Beginn des Teilabschnittes. Weitere Infos unter: *tourenplaner-rheinland-pfalz.de*

Wanderung: 114 Kilometer, sieben Tage, schwer

- 1. Etappe: von Winnweiler nach Dannenfels; 16,6 Kilometer, fünf Stunden 20 Minuten, mittel
- 2. Etappe: von Dannenfels zum Bastenhaus; 15,2 Kilometer, vier Stunden, mittel
- 3. Etappe: vom Bastenhaus nach Rockenhausen; 15,6 Kilometer, fünf Stunden 40 Minuten, mittel
- 4. Etappe: von Rockenhausen nach Obermoschel; 19,6 Kilometer, sechs Stunden, mittel
- 5. Etappe: von Obermoschel nach Meisenheim; 12,9 Kilometer, 3,5 Stunden, mittel
- 6. Etappe: von Meisenheim nach Lauterecken; 15,3 Kilometer, 4,5 Stunden, leicht
- 7. Etappe: von Lauterecken nach Wolfstein; 22,2 Kilometer, sieben Stunden, mittel

Einkehr und Unterkunft:

- Zahlreiche Möglichkeiten entlang des Pfälzer Höhenwegs; *donnersberg-touristik.de*

49 Pfälzisches Bergbaumuseum in Imsbach

ABENTEUER UNTER TAGE

Der Bergbau hat in der Pfalz eine lange Tradition. Im Bergmannsdorf Imsbach am Donnersberg kann man sowohl im Pfälzischen Bergbaumuseum als auch in den beiden Besucherbergwerken „Weiße Grube“ und „Grube Maria“ auf den Spuren der Bergarbeiter wandeln und viel Interessantes über Erze, Gesteine und fossile Brennstoffe erfahren.

Wer sich für Eisen, Mangan, Kupfer, Kobalt, Gold, Silber und Co. interessiert, der kommt im Pfälzer Bergbaumuseum ganz auf seine Kosten. Im ehemaligen Schulhaus von Imsbach präsentiert die Ausstellung auf zwei Etagen alles, was man über die Steine- und Erden-Rohstoffe wissen muss. Im Erdgeschoss zeigt und beschreibt das Museum fast alle der in der Pfalz gewonnenen mineralischen und metallischen Rohstoffe und gibt Aufschluss über deren Verwendung. So finden auf wenigen Quadratmetern stolze 300 Millionen Jahre Erdgeschichte ihren Platz. Auch typische Werkzeuge, Grubenleuchten und Geräte der Bergleute sind hier ausgestellt.

Im ersten Obergeschoss warten rund 400 farben- und formenprächtige Exponate in der Dauerausstellung „Terra Crystallum" auf die Besucher. Die Dauerleihgabe aus der Privatsammlung von Roger Lang ist eine wahre Schatzkammer aus bunten Erzen, Mineralen und Edelsteinen. Alle Hintergrundinformationen wie chemische Zusammensetzung, Farbe und Kristallsysteme werden anschaulich erklärt, und die abgedunkelten Fenster lassen die vielen Steine noch imposanter glitzern und funkeln.

Nach dem ausgiebigen Besuch im Museum können Interessierte den historischen Bergbau in den beiden Besucherbergwerken „Weiße Grube" und „Grube Maria" hautnah erleben. Ein Rundgang durch das ausgedehnte Stollensystem der „Weißen Grube" zeigt Bergbauspuren der letzten 600 Jahre. So gibt es mit Sprengstoff herausgeschossene Gänge und Stollen aus dem

Im Bergbaumuseum gibt es einiges zu entdecken.

20. Jahrhundert genau wie mit dem traditionellen Schlägel und Eisen bearbeitete Bereiche, die aus dem Mittelalter stammen. In allen Farben leuchten Minerale und erinnern an den vergangenen Erzreichtum der Grube. Unter Tage sind es dauerhaft zehn bis zwölf Grad und es herrscht eine sehr hohe Luftfeuchtigkeit. Warme, wasserdichte Kleidung und gutes Schuhwerk sind daher ein Muss, sonst ist spätestens bei der Besichtigung der „Grube Maria" der Spaß vorbei. Die 250 Jahre alte und zum letzten Mal im Jahr 1923 betrieben Eisenerzgrube besitzt zwei Ebenen, wobei die untere so gerade ist, dass man vom hinteren Ende den 250 Meter entfernten Eingang als hellen Punkt erkennen kann. Über einen Schacht mit Wendeltreppe geht es dann in den 15 Meter höher liegenden zweiten Stollen. Auf beiden Ebenen gibt es viele Informationen zu Bergbautechniken, Gesteinen und dem Eisenerzvorkommen. Die engen Stollen zeigen eindrucksvoll: Die Arbeit unter Tage war damals hart und anstrengend.

Angeschlossen an die beiden Stollen sind drei Bergbauwege: Der Eisenweg und die Kupferwege 1 und 2. Die drei thematischen Rundwege führen durch Imsbach und die nahe Umgebung und sind mit farbigen Schautafeln beschildert. Je nach Weg kommt man an alten Bergmannhäusern und zahlreichen Relikten vorbei, die eindrucksvoll die Bergbaugeschichte von Imsbach wiedergeben.

Info

Adressen: Pfälzisches Bergbaumuseum: Ortsstraße 2, 67817 Imsbach, Tel. 06302 6020, *info@bew-imsbach.de.* Besucherbergwerke Weiße Grube und Grube Maria: Langental 1, 67817 Imsbach

Anfahrt:

- Die Bergbauerlebniswelt ist aus Richtung Mainz oder Kaiserslautern kommend über die A63 Ausfahrt Winnweiler erreichbar. Von dort sind es ca. fünf Kilometer nach Imsbach, der Weg ist ausgeschildert.
- Aus Richtung Bad Kreuznach kommend ist Imsbach über das Alsenztal (B48) zu erreichen, südlich von Schweisweiler am Abzweig Imsbach nach links abbiegen.

Parken:

- Ein Besucherparkplatz befindet sich im Langental an der Grillhütte ca. 300 Meter von den Besucherbergwerken entfernt. Der Weg zur Bergbauerlebniswelt ist ausgeschildert.
- Parken am Museum: Gemeindehalle, Gienanthstraße 36, 67817 Imsbach

Öffnungszeiten: unter *bew-imsbach.de*

Eintritt: 8 EUR, ermäßigt 6 EUR; gültig für das Pfälzische Bergbaumuseum sowie für das Besucherbergwerk „Grube Maria" (inkl. Führung)

Website: *bew-imsbach.de*

HINWEIS: Die drei beschilderten montanhistorischen Rundwege mit zahlreichen Infotafeln über die Bergbauvergangenheit der Gemeinde Imsbach können ganzjährig auf eigene Faust erkundet werden.

50 Burg Nanstein bei Landstuhl

DER UNTERGANG DES DEUTSCHEN RITTERTUMS

Wer heute die sehr gut erhaltenen Reste der Burg Nanstein zum ersten Mal in Augenschein nimmt, der wird von mit bunten Blumen und Kräutern bewachsenen Mauern begrüßt, die sich im rot leuchtenden Buntsandstein einen Weg Richtung Sonne gesucht haben. Zahlreiche Türme, Torbögen, verwinkelte Treppen, schiefe Gewölbe und Brücken ergeben ein idyllisches Bild. Kaum einer würde bei diesem Anblick erahnen, dass sich hier vor einigen Hundert Jahren einiges an geschichtsträchtigen Ereignissen zugetragen hat.

Die Pfalz trumpft mit der größten Burgendichte in ganz Deutschland. Kein Wunder, dass der Untergang des deutschen Rittertums auf einer Pfälzer Bühne seinen Höhepunkt hat: auf Burg Nanstein bei Landstuhl.

Erbaut wurde Burg Nanstein um 1160 von Kaiser Barbarossa. Knapp 400 Jahre später gelang es dem rebellischen Ritter Franz von Sickingen im Jahr 1518 die Burg für sich zu beanspruchen. Er ließ sie zu einer modernen Kanonenburg ausbauen, die eigentlich feuerwaffentauglich sein sollte. Denn durch seine seit Jahren andauernden Streitereien für sein Ideal eines starken deutschen Reichs und seine Raubzüge hatte sich der „letzte Ritter" Franz von Sickingen viele Feinde gemacht und lebte gefährlich. So kam es, wie es kommen musste, und nach einer spektakulären zweitägigen Belagerung 1523 wurde der berühmte Ritter durch einen Beschuss schwer verwundet und verstarb kurze Zeit später. Der Fall der Burg Nanstein war ein sichtbares Symbol für den Niedergang der Burgen in der Pfalz und dem Untergang des gesamten deutschen Rittertums.

In Stein gehauen

Nach Franz von Sickingens Tod bauten seine Söhne und Enkel die Ruine um 1543 wieder auf und verwandelten sie in ein prächtiges Renaissanceschloss. Mit Landstuhl, der Kleinstadt am Fuß des Burgberges, hatte Nanstein eine gemeinsame Stadtmauer, die etwa 250 Meter hangaufwärts verlief und

Die Überreste der Schießkammern

Erhaltene Torbögen

heute nicht mehr vorhanden ist. Den Dreißigjährigen Krieg überstand die Burg unversehrt, doch 1668 eroberte Kurfürst Karl I Ludwig Nanstein und ließ sie sprengen. Ihre endgültige Zerstörung erfolgte dann im Pfälzischen Erbfolgekrieg.

Die 100 Meter lange und 50 Meter breite Burg bietet noch heute deutlich erkennbar Bausubstanzen aus fünf Jahrhunderten und ist im Sommer die beeindruckende Kulisse für die Landstuhler Burgspiele. Auch Konzerte und Mittelaltermärkte

Die beeindruckende Kulisse von Burg Nanstein

finden in den urigen Innenhöfen statt. Sowohl ein Audioguide als auch geführte Touren bieten spannende Hintergrundinformationen, und wer Stärkung braucht, der findet zahlreiche Sitzplätze auf der urigen Aussichtsterrasse der „Burgschänke".

Im Innenhof

Info

Adresse: Burg Nanstein: Burgweg 1, 66849 Landstuhl, Tel. 06371 13460, *tourismus@vglandstuhl.de*

Anfahrt: Richtung Zentrum Landstuhl, dann Beschilderung zur Burg folgen oder über den Fußweg. Hierzu die Treppen beim Parkplatz der Zehntenscheune nehmen und dem Weg durch den Wald zur Burg folgen.

Öffnungszeiten: Dienstag bis Sonntag 9 bis 18 Uhr, Montags und den ganzen Dezember geschlossen. Bei Schnee- und Eisglätte kann eine Schließung aus SIcherheitsgründen erfolgen. Immer telefonisch informieren.

Eintritt: 4 EUR, Kinder ab 7 Jahre 2,50 EUR; Audioguide 1 EUR

Führung: Dauer eine bis 1,5 Stunden, 35 EUR (zzgl. Eintritt)

Einkehr: Burgschänke Burg Nanstein: täglich ab 12 Uhr; Tel. 06371 4902580, *paulsbistro@t-online.de*, *burgschaenke-landstuhl.de*

Websites:
- *landstuhl.de/de/tourismus/sehenswertes/burg-nanstein/*
- *landstuhl.info/burg*

Das kleine Wörterbuch

Burg Trifels

Das kleine Wörterbuch

A

Alla hopp – Also gut
alla hopp jetzt drinkemer noch ähn Schoppe dann gehmer awwer Häm – also gut, jetzt trinken wir noch einen Schoppen und dann gehen wir heim
Ä Glas Woi drinke – ein Glas Wein trinken

B

Bagaasch, die ganze Bagaasch – der ganze Anhang, die ganze Gruppe
Broodwerscht – Bratwürste

D

Der gebbt aa wie e Dutt voll Migge – Wenn jemand ein großer Angeber ist
dischbediere – sich angeregt unterhalten oder auch streiten/diskutieren
Draachedutt – Einkaufstüte

F

Ferzbeidel – ein lustiger Mensch, der immer Späße macht

G

gell? – nicht wahr?
Gemoddelt wie's Käddel am Feierdaach – wenn sich jemand schick herausgeputzt hat
Gudsl – Bonbon

H

heit – heute

I

Isch kumm aus dä Palz – Ich komme aus der Pfalz

K

Keschde – Kastanien

Kumm, geh fort – Sag bloß? Echt jetzt? Was du nicht sagst ...

L

Latwerch – Pflaumenmarmelade

M

Mach' mer bloß kää Fisimatente! – Stell bloß nichts an!
Miggeschiss – Kleinigkeit
Moie gehmer uffs Woifescht – Morgen gehen wir auf das Weinfest

R

Riwwelkuche – Streuselkuchen
runnerbutze – jemanden zur Schnecke machen
Rutsch mer doch de Buckel nunner – Lass mich doch in Ruhe

S

Schdros – Straße

V

Vergess emol dei Redd nit! – dient dazu, den Sprecher auszubremsen, um selbst etwas (vermeintlich Wichtigeres) zu sagen
vun allem ebbes – von allem etwas

W

Wi kumm isch´n do hi? – Wie gelange ich dahin?
Wi schbed iss´n? – Wie spät ist es?

Z

zabbeduschter – stockdunkel
Zoddle – sehr lange Haare
Zu dabbisch, fer e Loch in de Schnee zu brunse – Wenn man sich über jemanden aufregt, der nichts zustande bringt
Zwiwwle – Zwiebeln

Register

Geiersteine

In der Reihe sind u. a. bisher erschienen:

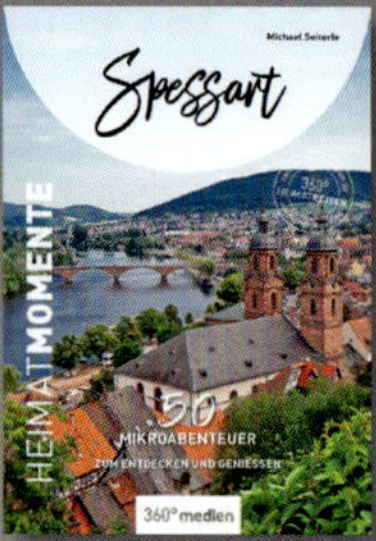

Michael Seiterle
ISBN 978-3-96855-315-3
Preis 16,95 €

Jochen Müssig
ISBN 978-3-96855-323-8
Preis 16,95 €

Antje Seeling
ISBN 978-3-96855-384-9
Preis 16,95 €

Nadine Taylor
ISBN 978-3-96855-295-8
Preis 16,95 €

Marina Friedt
ISBN 978-3-96855-267-5
Preis 14,95

HEIMAT**MOMENTE**

HEIMAT**MOMENTE** legt den Fokus auf unvergessliche Momente und spannende Mikroabenteuer. Freuen Sie sich auf Tipps zu ausgefallenen und erlebnisreichen Ausflügen, kulinarischen Highlights sowie einzigartigen Kultstätten und anderen Kuriositäten.

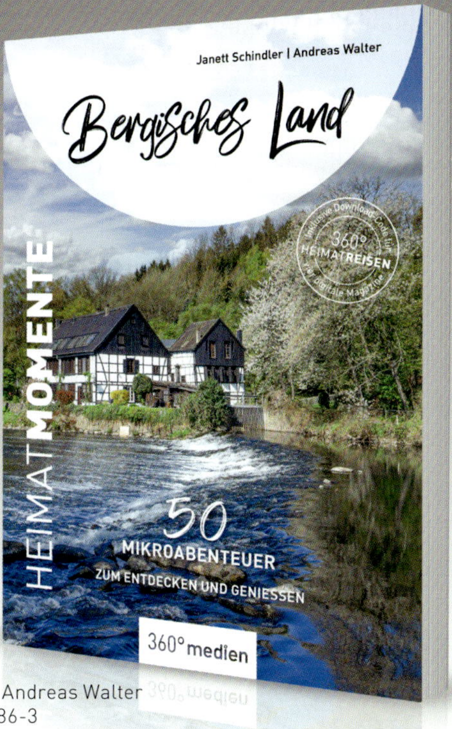

Preis
16,95 €

Janett Schindler und Andreas Walter
ISBN 978-3-96855-386-3

Weitere Titel der Reihe und mehr Infos unter:
360grad-medienshop.de/heimatmomente

Versandkostenfreie Lieferung innerhalb Deutschlands

Bildnachweis:
Adlerbogen cc by-sa 4.0 S. 19 | Anaconda74 cc0 S. 251u, 253 | Anna16 cc by-sa 3.0 S. 218o, 218u | Anne-Lise Heinrichs cc by-sa 2.0 S. 251o | artbird cc by-sa 3.0 S. 17o | Benreis cc by 3.0 S. 20 | Bergstein cc by 3.0 S. 130, 132 | Besenbinder cc by-sa 3.0 S. 86 | BlueBreezeWiki cc by-sa 3.0 S. 227 | Bradelidu cc by-sa 3.0 S. 119o, 119u, 120o | Carola Neuchel cc by-sa 3.0 S. 87| Christian Rosenbaum cc by-sa 3.0 S. 15o | Christoph Ziehr cc by-sa 3.0 S. 243u | Daniela Rapp S. 230, 231 | David Dreher cc by-sa 3.0 S. 43u | David Mrak pixabay S. 174/175 | DerWeg pixabay S. 207 | Dguendel cc by 4.0 S. 234/235 | Dlohner pixabay S. 11 | Draisinentour Glantal/Tourismusbüro Pfälzer Bergland S. 238, 239o, 239u, 240o, 240u | Emil cc by-sa 3.0 S. 108 | Erich Westendarp pixabay S. 12 | Felix.matheis cc by-sa 3.0 S. 115 | Fischer.H cc by-sa 4.0 S. 120u, 127 | Franzfoto cc by-sa 3.0 S. 201 | Friedrich Haag cc by-sa 4.0 S. 10, 128 | Gerd Eichmann cc by-sa 4.0 S. 16u 170, 171 | Gernot Reipen pixabay S. 59o | gesoe62 cc by-sa 3.0 S. 252o, 252u | giggel cc by 3.0 S. 241 | Günther Günni Bauer cc by-sa 3.0 S. 172 | H.Schreiber cc by-sa 3.0 S. 67 | Hardo Müller cc by-sa 2.0 S. 22 | Haselburg-müller cc by-sa 3.0 S. 88 | Herbert Bechen cc by-sa 2.0 S. 158, 159, 160 | Immanuel Giel cc by 3.0 S. 118, 164, 165o, 166o, 166u, 216, 217 | Joachim Lutz cc by-sa 4.0 S. 123 | Jörg Brauchmann cc by-sa 4.0 S. 43o | Kalmitklein cc by-sa 4.0 S. 125 | Kent Wang cc by-sa 2.0 S. 200 | Lin Animalart pixabay S. 13 | Lokilech cc by-sa 3.0 S. 44o, 45, 46, 48 | Manuel Paul cc by-nd 2.0 S. 169 | Maps4news S. 24, 25, 29, 53, 105, 145, 177, 193, 223, 237 | Marion Wellmann pixabay S. 109, 165u | Martin Geisler cc by-sa 3.0 S. 147o, 149, 151, 152 | Martin Klass pixabay S. 254/255 | Melhubach Photographie S. 182 ff. | Michael Schmalenstroer cc by-sa 4.0 S. 44u | mroszewski cc by-sa 3.0 S. 124 | Muck cc by-sa 4.0 S. 91, 244u | Ohummel cc by-sa 3.0 S. 16o | Patricia Flatow Cover und S. 26/27, 31, 32, 33, 50/51, 54, 56, 63, 70, 71, 72, 74, 75o, 75u, 76, 77, 90, 92, 93, 102/103, 134, 135, 136, 137, 138, 140, 142/143, 161, 190/191, 194, 195, 196, 197, 204, 205, 244o, 260u | Paul Flormann cc by-sa 4.0 S. 141 | PaulMuaddib cc by-sa 3.0 S. 116 | Pfalz Touristik e. V. Dominik Ketz S. 47, 68, 96, 243o | Pfalz Touristik e. V. Foto Goosmann S. 232 | Pfalzblick Wald Spa Resort S. 83, 84o, 84u, 85 | pxhere.com S. 225 | qwesy qwesy cc by3.0 S. 131 | RalfZi cc by-sa 3.0 S. 39, 40u | Reptilium Terrarien- und Wüstenzoo Landau S. 154 ff. | Rüdiger cc by-sa 3.0 S. 15u | Rudolf Wild cc by-sa 4.0 S. 150 | Sgrunden pixabay S. 21o | Silar cc by-sa 4.0 S. 23 | Ssprmannheim cc by-sa 4.0 S. 209o | Staatsbad Bad Bergzabern S. 146, 147u, 148o, 148u | Stadt Kaiserslautern S. 209u | Stadtverwaltung Pirmasens Harald Kröher S. 212, 213o, 213u, 214 | Stefan Schmitt S. 246, 247, 248 | Steffen962 cc0 S. 18o, 94, 111, 112, 210 | Steffi Klughardt-Mann cc by-sa 4.0 S. 114 | Stephan Sprinz cc by-sa 4.0 S. 40o| Südpfalz Tourismus Landkreis Germersheim e. V. S. 179 | Sundar1 cc by-sa 3.0 S. 187 | TeKaBe cc by-sa 3.0 S. 188 | Telford cc by-sa 3.0 S. 17u | tomkevicius pixabay S. 220/221 | Traroth cc by-sa 3.0 S. 167 | Uta E. Pixabay S. 206o | Wigand Schneiderheinze S. 18u, 180 | WikimediaImages pixabay S. 14 | Willi Heidelbach pixabay S. 21u| Wilrooji cc by-sa 4.0 S. 202 | Wolfgang Bantz pixabay S. 228o | Zentrum Pfälzerwald Touristik S. 199 | Zoppo59 cc by-sa 4.0 S. 106